# 결국
# 해내는 사람의
# 6가지 원칙

THE SIX THINGS

# 결국 해내는 사람의 6가지 원칙

## THE SIX THINGS

**임수열** 지음

헤리티지북스

✦

# 결국 해내는 사람은
# 자기만의 원칙을 따른다

사업이 뜻대로 진행되지 않을 때마다 나는 '그날'을 떠올렸다. 투자금 10억 원을 받기 하루 전날 밤, 중견 B 그룹 회장님에게 거절의 메일을 보냈던 '그날'을 말이다.

사연은 이렇다. B 그룹 회장님은 내가 쓴 전작《최고의 습관》을 읽고 감탄을 금치 못했다고 한다. 특히 파격적인 마케팅으로 홍보와 매출 효과를 크게 높인 부분에 감명받아 자기 사업도 이렇게 성공시켜줬으면 한다고 간곡히 연락해왔다. 10억 원을 투자하겠다는 말과 함께 '계열사 중 한 기업의 마케팅을 책임지고 진행해달라'는 조건을 걸었다. 더불어 재벌 기업으로부터 투자를 받아내면 수십억 원을 추가로 투자하겠다는 다른 투자가들의 언질도 있었다. 마침 사업을 새로 시작한 탓에 돈이 절실했던 나는 이 기회를 내칠 수 없었다. 군말 없이 수락했고, 이것을 성공의 발판으로 만들겠노라고 다짐했다.

그러나 예상치 못한 일이 발생했다. 투자금이 들어오기 하루 전, B 그룹의 계열사 경영진들과 인사 겸 미팅을 하게 됐다. 그 자리에서 뜻밖의 이야기를 듣게 됐다. 커뮤니케이션을 총괄하는 한 경영진이 "모든 마케팅은 본인의 선 승인 후 진행해야 한다"고 먼저 선을 그어버린 것이다. 나는 스스로 기획하고 실행할 수 있는 권한까지 모두 부여받았다고 알고 있었기에 당황스럽기만 했다. 서둘러 "내게 권한이 있어야 일을 진행할 수 있으니 재고해달라"고 정중히 요청했지만 그의 완고한 태도는 변함없었다. 다른 경영진들도 나서서 중재했으나 의견 차이는 좀처럼 좁혀지지 않았다.

긴 밤을 꼬박 새우며 고민했다.

'일단 돈이 절실한데, 원하는 대로 따르겠다고 말하고 투자금만이라도 받아볼까? 그다음 생기는 문제들은 그때 고민하거나, 정 안 되면 못 하겠다고 하면 되지 않을까? 그렇다고 투자금을 도로 달라고 할 수도 없을 테니까…'

절박한 상황이었던 만큼 돈의 유혹을 떨쳐내기란 무척 어려웠다. 하지만 내 신념은 그보다 더 굳건했다. 원칙대로 스스로 판단하

☆ ▓▓▓ 부회장님 임수열 입니다!^^ ⬚                           🖨 인쇄   번역

∧ 보낸사람  임수열 ▓▓▓▓▓▓▓▓▓▓▓▓   VIP

   받는사람  ▓▓▓

   2015년 2월 8일 (일) 오후 9:07

안녕하세요! ▓▓▓ 부회장님.

며칠 전 부회장님 뵈었던 날, 관련된 분들과 회의를 하였습니다.

그 회의를 통해 많은 이야기를 나누었고, 앞으로 어떻게 일하게 될 것인지를 이해하게 되었습니다.

그래서 회의가 끝난 후, 혼자 깊은 고민을 하였습니다.

왜냐하면 제가 일을 할때는 "그게 되겠어? 너무 현실을 몰라, 너무 유치해, 너무 파격적이야...등의

부정적인 주변의 우려가 자주 따랐습니다.

그러나 결국 실행에 옮길수 있는 권한이 있었기 때문에, 결과를 만들어 낼 수 있었습니다.

그러나 지난 번, 셀카 미팅을 통해 매번 아이디어를 제출하고, 관련된 분들의 승인을 받아야만,

일이 진행된다는것을 깨달았습니다. 그렇다면 저는 주체적으로 아무런 일도 하지 못하고

허락 될수 있는 일 들을 기획할수 밖에 없고, 원활한 진행을 위해 자연스레 "을" 로서 처신하게 되거나..

아니면 매번 상당한 스트레스를 받는 상황이 될것이라는 생각을 했습니다.

현실적으로 이번에 부회장님께 투자를 받는다면 제가 가지고 있는 목표를 달성하는데

너무나 큰 도움이 될것이기에 더욱 많은 고민을 했습니다.

그러나 제가 더 고생하고 시간이 늦춰진다해도, 이제까지의 저답지 어렵지만 마음이 즐거운 길을 걷기로 결정했습니다.

그래서 아쉽지만 관련된 분들께 제가 일을 하기가 어렵다는  메일을  보내드렸습니다.

부회장님께서 특별히 신경 써주셨는데 이런 결정을 내리게 되서 너무나 송구합니다.

↑

**중견 B 그룹 회장님에게 실제로 발송한 메일 원문 이미지(2015.2.8.)**

에 일하겠다는 각오로 제안을 거절했다. 물론 사람인지라 10억 원이나 되는 투자금을 거절한 것이 한편으로는 후회가 되기도 했다. 그러나 시간이 흐른 지금, 거절한 것이 나를 위해 백번 잘한 결정이라고 생각한다.

본론에 앞서 이 사연을 말한 까닭이 있다. 답을 알려주기 전에 먼저 유추해보라. 그리고 다음 글을 찬찬히 읽어나가길 바란다.

• • •

성공하기 위해서는 자기만의 확고한 원칙이 필요하다. 그 이야기를 전하고자 과거 내가 썼던 메일 전문을 끌고 왔다. 어떤 사람이라도 돈의 유혹을 떨치고 거절하기란 어려웠을 것이다. 나도 쉽지 않았다. 아마 내가 세운 원칙이 없었더라면 돈을 받기 위해 별다른 고민 없이 일을 착수했을 것이다. 그리고 어영부영 처리하다가 나가떨어졌을지도 모른다. 더 심각하게는, 그때 그 결정을 하지 않았더라면 지금 이 자리에까지 올 수도 없었을 것이다. 그렇게 생각하니 인생이라는 것이, 성공이라는 것이 찰나의 선택으로 이뤄져 있다는 결론에 이르렀다. 그런 의미로 묻는다. 당신에게는 결정적 순간에 내릴 수 있는 원칙이 하나라도 있는가?

비단 나뿐 아니라 결국 해내는 사람이 따르는 원칙 6가지를 이 책에 명료히 정리했다. 첫째, '끈기'는 끝까지 밀어붙이는 힘에 관한 이야기다. 가장 최근 시점의 이야기인 〈815머니톡〉의 시작과 목표에 대해 자세히 서술했다. 이로써 과거로부터 얻은 경험들을 차근차근 풀어내고자 한다. 둘째, '생존'은 절박함으로 살아남아야 함을 강조한다. 위기를 극복할 수 있는 아이디어가 있는지, 성공을 위해 무엇이든 내놓을 자신이 있는지에 관해 살펴보는 시간을 가져볼 것이다. 셋째, '실행'은 목표점에 도달하기 위해서는 일단 움직여야 한다는 아주 단순명료한 메시지를 담고 있다. 시작하지 않는 이유는 핑계에 불과하다. 도전하고 또 도전하는 자에게만 성공이라는 기적을 맛볼 수 있다.

넷째, '리더'는 아우르는 능력이 필요하다는 이야기다. 우리는 살면서 한 번쯤 리더가 되는 경험을 꼭 하게 된다. 일터에서든 관계에서든 끌고 나가야 하는 순간이 있는데, 이때 어떤 자질이 필요하고 무엇을 해야 하는지를 알려줄 것이다. 다섯째, '마인드'는 자기 자신을 이길 수 있는 긍정의 힘에 관해 들려준다. 인생에서 찾아오는 시련을 견디게 하는 것, 나를 위해 일하는 것이 무엇인지를 깨닫게 될 것이다. 마지막 여섯째, '상생'은 도움받고 줄 때를 아는 자세를 말한다. 내가 궁극적으로 일을 하는 이유이기도 하다. 누군가를 돕는다는 것은 돈과 명예로 대체할 수 없는 것이다. 이루 말할 수 없는 기쁨이자 삶의 원동력이다. 일은 결국 '사람과 사람을 잇는' 행위 그 자체이기에, 누군가와 함께할 때 비로소 우리는 성공할 수 있음을 밝힌다.

이 책을 펼쳐 든 당신은 '성공하고 싶다'는 강렬한 열망으로 가득한 사람일 것이라고 감히 짐작해본다. 그 기대에 부응해 수백 명의 성공한 사람들을 봐오며 발견한 공통점, 그와 더불어 내가 일하는 방식과 인생 모토를 전부 공유할 것이다. 누군가에게는 이미 다 알고 있는 진리, 너무나 시시하고 당연한 이야기로 들릴 수도 있겠고, 누군가에게는 머리를 한 방 맞은 것 같은 굵직한 깨달음이 될 수도 있겠다. 어느 쪽이든 좋다. 무엇을 느끼든 그것은 당신의 것이다. 나는 묵묵히 내가 가진 모든 실패와 성공 경험을 내놓을 것이고, 작든 크든 당신에게 긍정적인 영향을 끼칠 수만 있다면 내 역할은 그것으로 다했다.

삶이 의지대로 흘러간다면 좋겠지만 애석하게도 그렇지 않다. 순탄하게 흐르는가 하다가도 뼈아픈 시련이 닥칠 때도 있고, 도망친 곳에서 우연찮게 희망을 발견하기도 한다. 내 인생도 그랬다. 단돈 500만 원으로 시작한 사업체를 코스닥 상장까지 키웠다가 한순간 무너져보기도 하고, 각종 매체를 장식하며 영광스러운 순간을 만끽해보기도 하고, 4인조 강도단을 만나 죽음의 문턱까지 가본 적도 있다. 삶을 포기하려고 떠난 낯선 곳에서 다시금 살고자 하는 의지를 되찾았다. 거기서 결심한 것이 '나 자신의 성공을 위해 달려왔던 삶에서 타인의 성공을 돕는 삶을 살겠다'였다. 지금까지 그 결의 하나로 20여 년을 보냈다.

경험 부족으로 어려움을 겪는 청년 사업가들, 꿈을 잃고 방황하는 사람들, 실패 이후 실의에 빠져 새로 시작할 용기를 잃은 사람들. 그들에게 그동안 내가 경험하고 터득한 이야기를 나눠왔다. 이 책도 그 일환이다. 나 같은 사람도 꿋꿋하게 살고 있다고, 죽을 만큼 힘들었지만 죽지 않고 일하고 있다고, 그리하여 당신도 모든 것을 이겨내고 두 발로 서 있을 수 있으리라 꼭 전하고 싶었다. 성공하고 싶은가? 그 갈증으로 현재 치열하게 살고 있는가? 또는 시도했다가 일이 잘 풀리지 않아 좌절했는가? 그렇다면 반드시 이 책을 곁에 두고 읽길 소망한다. 당신이 살면서 겪는 수많은 도전과 난관, 그리고 결정의 순간에 감정이나 상황에 휘둘리지 않도록 도와줄 것이다.

넘어졌다면 일어서라. 목적지가 있다면 일단 배부터 띄워라. 길을 잃었다면 지도를 펼쳐 들자. 시작만 하면 우리는 어디로든 갈 수 있고, 무엇이든 얻을 수 있다. 그 과정에서 실패란 없다. 부끄럽고 창피한 내 지난날을 숨김없이 있는 그대로 녹여낸 것도 모두 이런 순간들을 딛고 일어난 처절하고도 당찬 인생이라는 것, 이 책에 수록한 원칙이 그냥 얻어걸린 결괏값이 아님을 증명하기 위함이다. 또한 내 개인적인 이야기를 넘어 성공한 사람들의 이야기까지 고루고루 담았으니 그야말로 구체적이고 확실하다.

이 책이 실패라는 고통과 두려움을 벗어날 수 있는 해결책이자 좀 더 나은 삶으로 나아갈 수 있는 나침반이 되어줄 것이라 단언한다. 부디 이 책을 읽는 당신이 성공이라는 꿈에 한 발짝 가까워졌으면 좋겠다. 끝으로 이 책이 출판되기까지 도움을 주신 모든 분에게 깊은 감사의 인사를 전한다.

# 차례

**프롤로그** | 결국 해내는 사람은 자기만의 원칙을 따른다                    4

## PART 01
## 끈기 : 끝까지 밀어붙여라

**1장** | **성공과 실패는 항상 함께 온다**                                19
실패의 씨앗에서 발견한 〈815머니톡〉                                    21
완벽한 시작을 꿈꾸지 마라                                            25
기회를 붙잡을 만큼의 실력이 있는가                                     30

**2장** | **열정은 불이 아닌 물이다**                                  35
신뢰를 쌓겠다는 목표 하나로                                          36
넘어질수록 더욱 강해지는 사람                                         41

성공 그릇을 키운 사람들의 이야기
"최악의 상황을 최고의 순간으로 바꾸다"                                 44

## PART 02
## 생존 : 절박함으로 살아남아라

**1장** | **위기를 극복할 아이디어가 있는가**                           53
500만 원으로 띄운 사랑의 유람선                                      54
간절하면 반드시 이뤄진다                                            59
영화 〈인턴〉에서 착안한 프로젝트                                      62

2장 | **살고자 한다면 기는 것쯤은 아무것도 아니다**                67

성공을 위해 영혼을 내놓을 수 있는가                           69
비루한 시간을 견딜 수 있는가                                 73
남들과 다를 자신이 있는가                                   76

성공 그릇을 키운 사람들의 이야기
"세상의 모든 문은 결국 내가 열어야 한다"                       80

PART 03

# 실행 : 일단 움직여라

1장 | **시작하지 않는 이유는 핑계다**                         87

두려움을 이긴다면 절반은 해냈다                              89
깨어지고 부서질 용기                                       91
포기는 최후의 선택일 뿐                                    93

2장 | **뻔뻔하고 당돌하게 요구하라**                          99

무모함으로 얻은 화끈한 결과                                 101
사고를 쳐라, 생각보다 괜찮다                                104

3장 | **도전하는 자에게 실패란 없다**                         111

흡수하고 그대로 따르는 자세                                 113
모두에게 좋은 상황을 만들어라                                115
우리의 강력한 무기는 스토리다                                118

성공 그릇을 키운 사람들의 이야기
"자신의 온몸을 던져 괴짜가 돼야 한다"                          122

## PART 04

# 리더 : 아우르는 능력을 키워라

**1장 | 기본을 지키고 있는가**                               131
　실패의 원인은 무엇인가                                     132
　리스크 관리는 철저해야 한다                                 137
　시야를 넓히면 기회가 보인다                                 142
　리더가 되기 위해 알아야 할 10가지                           146

**2장 | 사람을 대하는 태도**                                151
　존경받는 리더, 충성하는 조직원                             152
　하나로 뭉치게 만드는 비전                                  155
　얻고자 한다면 협상하라                                     157

　　　**성공 그릇을 키운 사람들의 이야기**
　"리더의 자질이 훌륭한 조직과 성과를 만든다"               162


## PART 05

# 마인드 : 자기 자신을 이겨라

**1장 | 스스로를 믿을 때 비로소 강해진다**                   171
　잠깐의 시련이 훗날 열매가 된다                             173
　불행이 닥치더라도 이겨내는 법                              176
　긍정의 힘을 믿어라                                         185

2장 | **누구나 한 번쯤 CEO가 된다**      189

     나를 위해 일하라      190

     경쟁 대상을 이겨야 한다는 마음으로      193

     배포가 커야 차별점이 생긴다      199

     성공 그릇을 키운 사람들의 이야기

     "그들은 왜 성공할 수밖에 없는가"      206

## PART 06

# 상생 : 도움받고 줄 때를 알아라

1장 | **돈과 명예로 대체할 수 없는 것**      217

     사람과 사람으로 이어지는 투자 생태계      218

     무모한 도전이 누군가의 희망이 되다      223

2장 | **성공하는 사람의 생존 법칙**      227

     실패해본 사람이 더 성공하는 법      228

     진심을 담으면 답이 보인다      231

     성공 그릇을 키운 사람들의 이야기

     "잠시 쉬어가는 것도 전략이다"      236

PART
# 01
# 끈기

✦

## :끝까지 밀어붙여라

- 1장 -

성공과 실패는
항상 함께 온다

내 인생은 그야말로 롤러코스터와 같았다. 남들은 한 번만 겪어도 평생 무용담이 될 법한 사건이 나에게는 여러 번 있었다. 뒤에서 자세히 이야기할 테지만, 단돈 500만 원으로 시작한 사업체를 코스닥 상장 직전까지 키웠던 시간, 차곡차곡 쌓아 올렸던 모든 성과를 한순간의 과욕으로 단숨에 무너뜨린 시간이 공존한다. 또한 독특한 이벤트를 잇달아 성공시키며 창조적 사업가로 각종 매체를 장식했던 영광의 순간, 4인조 강도단의 표적이 되어 죽음의 문턱까지 갔던 아찔했던 순간이 내 삶의 한 페이지에 자리잡고 있다.

　사람마다 성공을 정의하는 기준이 제각각 다르겠지만, 2023년 현재의 나는 돈을 많이 벌고 명예를 얻는 삶보다 내 활동으로 얼마나 많은 사람이 실질적인 도움을 받아 행복해졌느냐로 정했다. 그런 이유로 경제·재테크 유튜브 채널 〈815머니톡〉을 개설해 개인 투자자들이 성공할 수 있도록 돕는 일에 최선을 다하는 중이다. 댓글이나 메일을 통해 진심으로 고마워하는 사람들이 점점 늘고 있는 모습을 보며, 내가 만들어가고 있는 이 성공의 길이 틀리지 않았음을 확신한다.

숱한 넘어짐에도 다시 일어서서 성공의 길을 달릴 수 있었던 이유는 사실 별거 없다. 포기하지 않았기 때문이다. 포기하지만 않는다면 인생의 모든 순간은 다른 시작의 발판이 된다.

쉼표는 있어도 마침표는 없다.

이 말은 내 오래된 인생 모토이자 내가 쓴 첫 책의 제목이기도 하다. 실패 또는 실수를 내 인생의 마침표로 남기지 않겠노라며, 실패에 매몰돼 낙담하기보다 '어떻게 하면 위기를 극복할 수 있을지'를 쉼 없이 모색했다. 그렇게 늘 새로운 길을 열어나갔다. 정말로 최선을 다하지 않은 날이 없었다.

과욕으로 인한 성급함, 경험 부족으로 인한 미숙함, 잘못된 판단과 결정 등으로 많은 고통을 겪었지만, 이때의 뼈아픈 실패의 경험은 모두 소중한 자산이 됐다. 그 과정에서 발견한 성공 법칙들은 중대한 의사 결정의 순간마다 나를 올바른 방향으로 이끌었다.


## 실패의 씨앗에서 발견한 〈815머니톡〉


2018년 초, 내 인생의 네 번째 실패를 인정했다. 3년 이상 끈질기게 매달렸던 815그룹 프로젝트를 접기로 한 것이다.

815그룹은 지주사이자 내가 대표로 있던 815커뮤니케이션을 중심으로 뷰티·푸드·헬스·교육·IT 등 다양한 분야의 13개 기업이 '815'라는 브랜드를 공유하도록 한 일종의 기업 연합체였다. 초기에는 비용을 지불할 여건이 되지 않는 스타트업 기업에 돈 대신 주식을 받고 마케팅을 지원하고, 이후로는 815브랜드를 공유해 작은 기업의 약점인 신뢰도와 인지도를 높여 매출에 도움되도록 세팅했다. 미래에는 벤처캐피털 투자를 유치하고 연합체를 확장해 성장하겠다는 목표도 세웠다. "한 방울의 물이 모여 큰 강을 이룬다"라는 캐치프레이즈를 내세우며, 아직은 생존이 불분명한 3년 미만의 작은 기업들이지만 서로 협력하며 성공 확률을 높이고 '상생'의 가치를 싹틔우겠다는 꿈을 꿨다.

주변 사람들은 하나같이 이러한 내 시도가 달걀로 바위를 깨려는 무모한 행위와 같다며 말렸다. 사실 나도 그 의견에 동의하는 바다. 합리적인 판단이기는 하나, 불가능해 보이는 도전에서 의미 있는 결과를 끌어낸다면 우리나라 사업 생태계가 좀 더 나아질 수 있는 계기가 될 수도 있지 않을까 싶어 스스로를 격려하며 무리하게 추진했다.

내 뜻에 동조하는 12개 기업이 수개월 만에 모였고, 추가로 합류하고자 하는 기업들도 늘고 있어 시작은 비교적 순탄했다. 얼마 지나지 않아 12개 기업에서 매출과 인지도 증가라는 작지만 유의미한 성장 데이터도 생겨났다. 이 데이터를 바탕으로 성공 가능성을 입증할 만한 근거로 삼고, 벤처캐피털 투자를 받아내고자 부지런히 움직였다. "어려운 경제 상황 속에서도 이 같은 성장을 보였으니 자금 지원만 충분히 이뤄진다면 우리는 비약적인 성장을 할 수 있을 것이다"라는 말로 설득했다. 다만 안타깝게도 보수적인 국내 투자 시스템 아래에서 우리를 매력적으로 평가하고 투자해주는 곳은 없었다. 세월호 참사에 이은 메르스 사태 등으로 경제 상황은 더욱 악화됐고, 우리 역시 덩달아 고전하기 시작했다.

초반 기세를 살리지 못하고 어려워진 상태로 4년이 흘렀다. 그 시간 속에서도 나는 언론에서 '돈키호테'라는 별칭으로 불릴 만큼 화제를 일으키는 마케팅을 펼치며 성과를 만들어냈다. 그럼에도 불구하고 투자 유치는 잘되지 않았다. 잘돼가는 모습을 보여도 투자받을 가능성이 낮은데, 심지어 경제 상황이 어려워지고 있으니 어쩌면 당연한 결과였으리라. 이 와중에 한계에 다다른 기업들이 속속 등장하고, 건강상의 문제로 쉬어야 할 대표들까지 생겼다. 성과를 거둔 몇몇 기업들에는 직접 투자를 원하는 투자자들이 나오면서 어쩔 수 없이 815그룹을 해산하기로 결정했다.

선의와 신뢰를 우선으로 둔 새로운 투자 방식을 전개했던 이 시도는 처참히 실패로 돌아갔다. 성장한 몇몇 기업들에 내가 가진 지분 권리를 적극적으로 행사했다면 적지 않은 수입을 벌어들일 수 있었다. 하지만 그러지 않았다. 해당 기업의 성공을 기원하며 내가 가진 지분까지 다 포기했다. 솔직한 심정으로는 4년간 쉴 새 없이 달려온 탓에 지치기도 했고 심적으로도 괴로웠다. 나뿐 아니라 12명 대표들의 승패가 달려 있는 문제였기에 내가 감당해야 할 책임감과 고민의 깊이는 이루 말할 수 없다. 그래서 815프로젝트를 중단했을 때 양어깨를 짓누르던 부담감에서 벗어날 수 있어 내심 안도했다.

'그래, 잠깐 쉬어가자.'

그렇게 815그룹과 쉴 새 없이 달려온 순간들을 뒤로하고 휴식기를 가지기로 했다. 약 6개월가량의 휴식 동안 나는 내가 패배한 이유를 복기했다. 초기 사업이 언제나 그렇듯 문제는 돈이었다. 무엇보다 투자처 확보가 쉽지 않았다. 열심히 노력해서 815그룹의 가능성을 보여주면 상생 생태계에 동참할 기업과 펀드가 적지 않을 것이라고 기대했다. 실상은 그렇지 않았다. 새로운 시도를 꺼리는 우리 사회의 보수성을 알면서도 '이제는 달라졌을 것'이라며 과신했던 점이 내 패착이었다. 철저하게 비즈니스적 관점으로 접근해도 생존하기 어려운 사업이라는 도전을 지나치게 낭만적으로 바라본 것이다.

'다른 사람의 성공이 곧 내 성공이 된다'는 근본적인 믿음이 잘못됐다고는 생각하지 않는다. 다만 나처럼 모든 사람이 다른 사람의 성공을 위해 그렇게 노력하지 않는다는 사실을 간과했을 뿐이다. 내가 원하는 상황까지 끌고 갈 힘, 즉 큰돈을 가지고 있든가, 아니면 그러한 고민을 함께 해결할 동료들을 만들었어야 했다. 나는 큰돈도, 동료들도 없었으며, 기업의 경영자도 아닌 단순 서포터이기도 했다. 도와줄 수는 있어도 모든 업무를 내가 처리할 수는 없었다.

도약할 기회가 찾아와도 경영자가 꿈쩍도 하지 않는다면 소용없는 일이다. 본인의 의지와 노력이 없다면 성공은 남의 일이라는 현실을 뼈저리게 깨달은 나는 앞으로 사업을 더욱 냉정히 바라보겠노라고 결심했다. 더불어 향후 비슷한 프로젝트를 다시 시작하더라도 다른 이의 사업을 돕는다는 관점이 아니라 내 사업이라고 할 수 있을 정도로 영향력을 행사하겠노라고 다짐했다. 현재 90만 구독자를 보유한 경제·재테크 유튜브 채널 〈815머니톡〉의 시작은 이

작은 결심과 다짐에서 비롯됐다.


## 완벽한 시작을 꿈꾸지 마라


'시작은 가볍게 한다'가 내가 일하는 방식이다. 무슨 일이든 초기에는 모르는 것도, 시행착오를 겪는 일도 많으니, 최대한 가볍게 시작해서 재빨리 대처하고자 한다. 실제로 〈815머니톡〉 아이디어를 떠올리고 실현하기까지 걸린 시간도 고작 열흘이었다.

부담보다는 즐거운 마음으로, 돈을 벌기보다 재능 기부 차원에서 시작한 〈815머니톡〉이지만, 2~3개월쯤 지나자 스멀스멀 걱정이 들었다. 영상 조회 수가 몇백 회 수준으로 거의 반응이 없었기 때문이다. 적어도 내가 하고 싶은 일을 즐기면서 하고 있으니 그 부분에서는 괜찮았다. 다만 함께하던 아나운서 후배와 전 직원을 볼 낯이 점점 없어졌다. 이대로 관둬야 하나 잠시 고민했지만 역시 그럴 수는 없었다. 한 번만 더 내가 가진 에너지를 쏟아보자고, 그다음 나온 결과물을 보고 결정해보자고 마음먹었다. 이왕이면 지금의 방식 말고 이른바 '맨땅에 헤딩하듯' 다양한 방법으로 시행착오를 견뎌보고자 했다. 이 험난한 과정을 홀로 견디고자 모두와 안녕을 고했다. 어쩌면 이때가 〈815머니톡〉의 진짜 시작이라고 할 수 있겠다.

철저히 혼자가 된 나는 출연자 섭외부터 인터뷰 질문지 작성, 영상 편집, 채널 운영까지 모든 일을 도맡았다. 다른 것은 차치하더라도 내게 닥친 가장 큰 문제는 영상 편집이었다. 보통 60분가량 길게 촬영하는데, 그중 비슷한 내용끼리 묶어 10~20분 분량의 영상을 나눠 만들고, 거기에 편집하는 작업까지 요했다. 하지만 영상 편집자가 따로 있던 것도 아닌 데다 외주를 주자니 비용도 만만치 않았다. 이왕 이렇게 된 거 영상 문법을 알아두면 좋겠다 싶어 몸으로 직접 부딪쳐보기로 했다.

그때 처음으로 집 근처 PC방에서 이름조차 낯설었던 동영상 편집 프로그램인 어도비 프리미어 프로Adobe Premiere Pro를 사용했다. 영상 편집이 뭔지도 모르면서 유튜브 강의 영상 하나만 믿고 편집을 시작했다. 20분짜리 편집을 하는 데 꼬박 7시간이 걸렸다. 컷을 자르고 붙이는 단순 작업만 했는데도 진땀을 뺐다. 화려한 자막이나 음악, 효과음 삽입은 엄두도 내지 못했다. 썩 마음에 들지 않는 결과물을 보니 불안감이 차올랐다. 이 불안을 잠재운 것은 다름 아닌 나였다. 인터뷰 진행도 처음에는 잘할 수 있을까 걱정했는데 막상 부딪쳐보니 어렵지 않게 적응했던 것처럼, 편집도 언젠가 잘 해내리라 믿었다. 일단 시작했으니 결실을 보자는 오기로 묵묵히 내길을 걷기로 했다.

손님맞이, 촬영, 인터뷰 진행 등 혼자서 모든 일을 동시다발적으로 하면서 나름대로 요령이 생겨났고, 효율성을 최대한 추구하는 방향으로 작업 방식이 다듬어졌다. 예를 들어, 인터뷰 질문지는 핵심 내용만 집중적으로 추리고 시간도 너무 길어지지 않게 조정했다. 대신 업로드 영상 수를 늘렸다. 초보 영상 편집자인 내가 직접 운영하는 채널이다 보니 애초부터 퀄리티로는 경쟁력을 가지기 어려울 것이라 판단했다.

당시 내가 가진 것은 몸과 시간뿐이었다. 밤을 새워 작업하더라도 업로드 영상 수를 늘려 채널의 차별화를 꾀하자는 심산이었다. 영상을 찍는 족족 편집해서 올리고, 1주에 3개에서 5개로 점점 수를 늘려갔다. 촬영과 편집이 익숙해질수록 영상 수는 점점 더 늘었고, 어느 순간 1주에 7회, 급기야 하루 2개씩 새로운 영상이 올라오는 채널이 됐다. 이제는 영상 편집자와 함께 운영하고 있지만, 업로드 영상 수 방침은 지금도 변함없이 이어지고 있다.

다음으로 넘어야 할 벽은 조회 수였다. 스타트업 기업 대표들의 인생과 성공담을 알리고자 채널을 열었으나, 얼마 지나지 않아 이에 대한 사람들의 관심이 현저히 부족하다는 점을 인정할 수밖에 없었다. 그렇다면 유튜브 이용자들이 보고 싶어 하는 정보는 무엇일까? 고민에 고민을 거듭해 나온 것이 '경제'와 '재테크' 콘텐츠였다. 사업이 기업체의 경영이라면 재테크는 자기 경영의 일종이다. 주식 투자를 조금밖에 해보지 않은 나지만 회사를 경영해본 경험은 있으니 그 차이를 살피는 방향으로 접근한다면 흥미로운 콘텐츠를 만들어낼 수 있을 것만 같았다.

그 즉시 행동으로 옮겼다. 무작정 서점으로 향했다. 베스트셀러에 오른 책을 꼼꼼히 살펴보며 섭외 리스트를 만들었다. 책을 탐독하고 정성 들여 섭외 메일을 썼다. 메일을 보고 출연을 결심한 사람들이 하나둘 답변을 보내왔다.

때로는 직접 찾아가 설득하기도 했다. 일례로 '닥터둠' 김영익 교수님을 꼭 모시고 싶어 메일로 먼저 보낸 뒤 서강대학교로 직접 찾아가 출연 승낙을 얻어냈다. 당시 메리츠자산운용 대표였던 존 리 역시 미팅 약속을 어렵게 잡은 후 서울 종로구 계동의 사옥으로 가기도 했다. 이렇게 인연을 맺은 분들에게 또 다른 전문가들을 소개받으면서 의미 있는 콘텐츠를 제작할 수 있었다. 돌이켜보면 흔쾌히 출연해준 모든 분들에게 고마운 마음뿐이다.

누군가에게는 〈815머니톡〉의 방향성을 사업가의 인터뷰에서 경제·재테크 채널로 방향을 튼 것이 의아스럽게 여기거나, 처음 생각을 뚝심 있게 밀고 나가야 하는 것 아니냐고 반문할 수도 있다. 내 생각은 조금 다르다. 어떤 일이든 성공시키려면 자신의 생각을 굽힐 줄도 알아야 한다. 나는 어떤 일을 하든 '언제나 뛰면서 생각하자'는 것이 신조다. 완벽하게 하고자 섣불리 시도조차 하지 못한 적이 있지 않은가? 하물며 계획을 짜느라 시간을 허비하고, 그 계획이 흐트러지는 것에 괴로워한 적도 있지 않은가? 계획대로 흘러가는 경우는 거의 없다. 방향성만 대강 잡아놓았다면 어설프더라도 일단은 시작하는 것이 낫다. 시행착오를 겪으며 계획을 빠르게 수정하는 편이 효과적이다. 과거의 경험에 따르면 계획이 어설플수록 오히려 난관을 만났을 때 유연하게 대응할 수 있었다.

시행착오는 성공을 얻기 위해 반드시 필요한 요소다. 내가 만났던 수많은 성공한 사업가를 떠올려봐도 처음 기획했던 아이템으로 성공을 일군 경우는 극히 드물다. 기획한 상품을 내놓은 후 소비자들의 반응을 살피고, 니즈를 다시금 반영해 아이템을 개발하는 과정에서 히트작이 만들어졌다. 결과적으로 나 역시 〈815머니톡〉에 사람들이 원하는 콘텐츠를 제작해 올리다 보니 자연스레 채널 방향이 경제·재테크 쪽으로 굳혀진 셈이다.

그렇다고 해서 상황에 따라서 계획을 마구잡이로 바꾸라는 의미는 아니다. 일의 본질만큼은 변함없이 유지해야 한다. 조회 수로 인해 주제와 콘텐츠가 바뀌었을지언정 애당초 〈815머니톡〉을 시작한 이유였던 '누군가를 돕기 위함'은 그대로다. 본질은 유지하면서 세부 사항은 조금씩 다듬어온 결과가 지금의 〈815머니톡〉이다.

## 기회를 붙잡을 만큼의 실력이 있는가

원래 무슨 일이든 성과가 나오면 신이 난다. 누가 뭐라 하지 않아도 알아서 일하게 된다. 다만 관건은 '성과가 나지 않아도 꾸준히 할 수 있느냐'다. 나는 성과가 나지 않을 때 묵묵히 해나가는 일이 얼마나 어려운지, 그 시간이 얼마나 중요한지를 아주 잘 알고 있다. 지금 버티지 못하면 아무것도 이룰 수 없다는 것은 자명한 사실이다. 돌이켜보면 힘들었던 순간들이 참 많았다. 특히 채널 운영 초기에 구독자 수가 생각보다 늘지 않아 여러 밤을 지새우기도 했다. 이 시간을 나는 나만의 트레이닝 시간으로 여겼다. 좀 더 나은 품질의 영상을 선보여서 결국 이곳으로 몰려들게 하고 싶었다.

사실 영상 콘텐츠만큼은 자신 있었다. 사람들의 눈과 귀를 사로잡는 화려한 영상은 아니어도 내용만큼은 누구에게도 지지 않는다고 생각했다. 질문 방식에 대해서도 여러 방면으로 고민했다. 전문가들의 기분을 나쁘게 해봤자 좋은 대답을 들을 리 없겠지만, 그렇다고 듣기 좋은 말만 하면 뻔한 대답만 들을 것이 분명했다. 또 내가 화자가 돼서 질문하면 출연자와 논쟁하게 될 것 같아 아는 내용이 나오더라도 최대한 나서지 않고 대중의 의견을 전달하는 객관적인 진행자 역할에 충실하려 애썼다. 이런 방식으로 진행하다 보니 출연자로부터 좋은 답변을 끌어내는 것은 물론, 구독자에게도 "내가 궁금했던 것을 어떻게 알아서 척척 질문해주느냐"라는 호평을 받았다.

그럼에도 불구하고 비슷한 채널과 비교해봐도 뜨거운 반응은 없었다. 1주에 3개씩, 속도를 높여 하루에 2개씩 영상을 올리기도 했지만 6개월 만에 겨우 구독자 1만 명을 달성했다. 당시 가장 유명했던 유튜브 채널 〈신사임당〉은 하루에도 수천 명씩 신규 구독자를 늘려가며 20만 명에서 30만 명으로 급성장했다. 조바심이 들지 않았다면 거짓말이다. 그렇지만 상대 채널의 성장을 애써 신경 쓰지 않으려고 했다. 나중에는 아예 다른 채널은 보지도 않았다. 한 번이라도 보게 되면 자칫 채널 정체성이 흔들릴 수도 있을 것 같아서였다. 때마침 주변에서도 한마디씩 거들었다.

"질문을 너무 겸손하게 하는 것 같은데 그러지 마라. 사람들은 자신감 있는 모습을 좋아한다."
"세게 말해야 조회 수가 더 많이 나온다."
"진보든 보수든 정치색을 뚜렷하게 드러내야 구독자 수가 오른다."

좋은 의도로 건넨 조언이라는 점에는 한 치의 의심도 없다. 그러나 정작 내게 도움되지 않았다. 유튜브를 운영해본 사람들은 알겠지만, 정말로 조회 수만을 목표로 둔다면 1~2개 영상만으로도 소위 '대박'를 터뜨릴 수 있다. 알고리즘을 활용하면 된다. 하지만 그렇게는 지속적인 성장을 도모할 수 없다. 나는 다른 사람들의 조언보다 내 내면에 더 귀 기울였다. 남들이 보기에는 비루해 보일 수 있는 시간을 묵묵하게 참고 견디며 해야 할 일을 하나씩 해나가는 것만이 그때의 내가 할 수 있는 최선이었다.

운칠기삼運七技三이라는 말이 있다. 성공에는 운이 7할, 기술(실력)이 3할이 필요하다는 뜻인데, 나는 운삼기칠運三技七이라는 말을 더 자주 쓴다. 평소 실력을 쌓아두지 않으면 아무리 좋은 기회가 찾아와도 붙잡을 수 없기 때문이다. 당장의 성과가 나쁘더라도 더 좋은 방법을 찾을 때까지는 자기가 할 수 있는 최선을 다하며 견뎌야 한다. 바퀴를 계속 굴려야 난국을 타개할 아이디어도 찾을 수 있고 새로운 길도 보이는 법이다.

지금 내가 가진 편집 기술과 콘텐츠 품질로 잠깐의 운이 따를 수는 있어도 그 운으로 계속해서 나아가기는 어려울 것 같았다. 무조건 실력을 키워서 존재감을 드러내야만 했다. 그때가 되면 기회라는 놈이 나를 찾아올 것이며, 나 역시 그 기회를 확실히 잡아챌 힘을 길러야겠다고 곱씹었다. 그 덕에 수많은 경제·재테크 채널이 난립하는 가운데에서도 〈815머니톡〉은 단연 독보적인 채널로 성장할 수 있었다.

지금 생각해보면 마음이 크게 흔들렸던 때에 요행수를 바라지 않은 것이 참 다행스럽다. 만약 〈815머니톡〉이 초반부터 대박이 터져 구독자 수도 크게 늘고 승승장구했다면 어땠을까? 아마도 실력도 늘지 않았을 테고 이렇게 긴 시간 사랑받기도 어려웠을 것이다. 행운은 내가 죽어라 노력하는 시기에 찾아와야 더욱 반가운 법이다. 그리고 그 행운을 나 스스로 다스릴 수 있는 실력이 있을 때 비로소 빛을 발한다.

# - 2장 -

## 열정은
## 불이 아닌 물이다

'열정'이라고 하면 대개 활활 타오르는 불꽃의 이미지를 떠올리 겠지만, 나는 쉼 없이 고요하게 흐르는 물이 떠오른다. 불은 주변까 지 태우고 몫을 다하면 스스로 꺼지기 마련인 데 반해, 물은 오래오 래 그저 천천히 흐를 뿐인데 지형까지 바꾸는 힘이 있다.

물의 열정으로 성공한다는 것에 대해 종종 생각해본다. 그러다 보면 인생이라는 긴 여정에서 한 번의 승리나 패배쯤은 대수롭지 않게 된다. 그래서일까? 나는 아주 즐거운 일이 있어도 크게 들뜨지 않는 편이다. 무슨 일이든 진짜를 확인하려면 시간이 지나봐야 알 기 때문이다. 큰 행운인 줄 알았는데 지나고 보니 불운을 몰고 오는 사건이었던 적도 부지기수다. 로또 당첨이 돼서 행복할 줄 알았는데 가족 간의 불화가 생겨 끝내 칼부림까지 나는 사례가 신문 지상에 널렸다. 그래서 뜻밖의 행운이 찾아오면 오히려 경계심이 든다. 반대로 괴로운 일이 생겨도 지나치게 몰입하지 않는다. 주변과 비교하며 조급한 마음이 들 때도 있지만, 그 모든 것은 내 욕심에서 비롯된 것임을 안다. 급한 것은 오로지 내 마음이며, 세상은 내 마음과 다르게 흐른다.

나는 〈815머니톡〉을 물 같은 열정으로 오래오래 잘 가꿔나가고 싶다. 가능하면 내 여정의 마침표를 찍는 그 순간까지 함께하기를 바란다. 이처럼 거대한 목표를 가지고 있지만 그렇다고 대단히 특별한 일을 계획하고 있는 것은 아니다. 작은 일에 일희일비하지 않고 주어진 이 길을 뚜벅뚜벅 걸어나간다면, 느리더라도 조바심 내지 않고 적당한 긴장감을 가지고 지속해서 노력한다면 끝내 보답받을 것이라는 기대가 나를 살아가게 만든다.

## 신뢰를 쌓겠다는 목표 하나로

누구에게나 재능은 있다. 그것을 십분 발휘하느냐 마느냐의 차이는 '선택과 집중'에 있다. 나는 오로지 〈815머니톡〉의 신뢰를 높이는 데 모든 힘을 쏟을 생각이다. 긴 시간이 소요되는 몹시도 어려운 일이지만, 좋은 콘텐츠를 계속 선보여 구독자들을 만족시키다 보면 모쪼록 가능할 것이라 믿는다. 어설프게 다른 곳으로 눈을 돌렸다가는 지금까지 쌓아왔던 것도 잃을 수도 있을 듯해 기존에 진행하던 사업들은 잠정 중단했다. 어느 분야에서든 능력을 제대로 펼치려면 전력을 다해야 하기 때문이다.

〈815머니톡〉을 운영하면서 '구독'을 해달라거나 '좋아요'를 눌러달라는 말을 일절 해본 적이 없다. 많이들 하는 구독자 이벤트도 하지 않았고, 유튜브에서 10만이 넘으면 주는 '실버 버튼'도 받지 않았다. 〈815머니톡〉을 장수 채널로 만들고 싶은 내 목표에서 그런 사소한 이벤트는 지속성에 그다지 도움되지 않는다는 판단이었다. 내 의욕을 끌어올려주는 데도 톡톡한 역할을 할 수 없을 것 같았다. 딱 1번 이벤트를 진행해본 적이 있었는데, 2022년 월드컵이 열릴 당시 '1승'을 하면 치킨을 보내주겠다는 이벤트였다. 이 역시 다른 목적이 있었다기보다는 단순히 구독자들과 소통하고 함께하는 재미를 느끼기 위함이었다.

'선택과 집중' 전략은 상황을 대하는 태도를 결정짓는 데도 활용됐다. 내가 컨트롤할 수 없는 일에는 힘 쏟지 말고, 예측할 수 없는 결과에 대해서는 고통도 받지 말자는 주의로 점차 바뀌었다. 대신 내가 바꿀 수 있는 일에 전력투구했다. 〈815머니톡〉을 운영하면서 설정한 목표를 예로 들자면, "100만 조회 수를 올리자"와 같은 것이 아니라 "매일 2개의 품질 높은 콘텐츠"를 올리는 것을 목표로 삼았다. 전자는 내 노력만으로 할 수 없는 것이고, 후자는 내가 노력만 하면 달성할 수 있는 현실적인 목표다. 만약 조회 수에만 집착했다면 여기까지 올 수 없었을 것이다.

〈815머니톡〉의 좋은 콘텐츠 기준은 '사람들에게 도움되는가?'로 설정했다. 이전 마케팅 경험을 살려 절로 눈길이 가는 자극적인 섬네일이나 제목을 만들 법도 했지만 그러지 않았다. 영상에 없는 이야기까지 끌어내 클릭을 유도하고 싶지는 않았다. 높은 조회 수, 구독자 수 증가, 수익 창출 등 무수한 이점들이 있어도 단 하나, 〈815머니톡〉의 신뢰가 떨어진다는 단점 때문에라도 유혹에 빠지지 않고 콘텐츠를 신중하게 생산해내려고 했다.

사람인지라 가끔 유혹에서 벗어나기 어려울 때면 나는 경주마 이야기를 떠올린다. 아무리 훌륭하고 재능 있는 경주마라도 눈에 옆가리개를 하지 않으면 사방팔방 한눈만 팔다가 전력을 다하지도 못하고 패배해버린다고 한다. 그래서 경주마에게 옆가리개를 꼭 착용해줘야 한다. 앞만 보고 내달릴 수 있게, 결승선에 갈 수 있도록 말이다.

영상에 별다른 기교를 부리지 않는 점도 이와 같은 이유다. 처음에는 혼자서 편집했다. 시간과 실력이 부족했기에 어쩔 수 없이 '만

결국 해내는 사람의 6가지 원칙

들어서 올린다'에 초점을 맞췄지만, 지금은 훌륭한 실력을 갖춘 영상 편집자를 구했음에도 기교는 최대한 삼가자고 약속했다. 콘텐츠의 핵심은 화자의 노하우에 집중하는 것이지, 그에 반하는 화려한 영상미는 이를 방해한다고 판단했다. 그래서 나도 MC로서의 존재를 드러내기보다는 출연자의 장점이 도드라지도록 하고, 옆에서 구독자들이 정말로 궁금해하는 내용을 끌어내려고 애쓴다. 출연자와 수다를 떨며 방송 분량을 채우는 것과 진행자가 진심으로 출연자에게서 뭔가를 배우겠다는 마음으로 접근하는 것의 차이는 생각보다 훨씬 크다. 이는 곧 콘텐츠의 차별화를 부른다.

실제로 〈815머니톡〉 채널의 진심을 알아주는 구독자들이 하나둘 늘어나며, 2023년 8월 기준 90만 명을 넘어섰다. 내가 설정한 이 목표가 흔들리지 않고 지속된다면 언젠가 가장 믿을 만한 경제·재테크 채널로 우뚝 설 것이라 믿어 의심치 않는다.

수십 번 넘어지고 다시 일어나면서 인생을 산다는 것이 결국은 나와의 멘털 싸움이라는 결론에 이르렀다. 과거의 실패 덕에 내 그릇을 조금 더 키울 수 있어 때로는 고맙다는 생각도 든다. 악성 댓글도 그렇다. 상대가 악의를 품고 댓글을 다는 것을 내가 어떻게 막을 수는 없는 노릇이다. 내가 할 수 있는 것은 오로지 대응뿐인 상황에서 나를 향한 악플을 차단하기보다 일단 받아들이는 것이다. 비방하는 사람에게까지도 긍정적인 태도를 취하는 것이다. 심지어 "머리통이 빈 것 같다"는 댓글에 하트를 눌러주기도 했다. 물론 내가 아닌 출연자들을 향한 비방은 최대한 막기 위해 노력했다. 그러다 보니 어느 순간 악플은 줄어들고, 구독자들끼리도 서로 예의를 지키는 훈훈한 문화가 형성됐다.

지독하게 달리던 악플을 보고 마냥 기분이 좋을 수만은 없다. 싸우고 화를 내야 하는 것이 맞을 수도 있겠지만 오히려 다정하게 감싸주자 그걸 지켜보던 많은 사람들이 내 편이 돼줬다. 이처럼 성공은 혼자서는 결코 이룰 수 없는 꿈이다. 내 성공을 도와주는 사람이 곁에 있어야 한다. 그러려면 내가 먼저 도와야 한다. 무슨 일에서든 조금씩 손해 보며 살자는 것이 내 철학이다. 악착같이 내 것을 더 많이 챙기려고 하지도 않는다. 같이 일하는 사람들과도 상대의 장점을 이용하려 하지 않고 진심으로 서로 돕고 좋아하며 또 표현한다. 누군가에게는 '호구 철학'처럼 보일 수 있지만 놀랍게도 한 번도 실패한 적 없는 전략이었다.

진짜 큰 이익은 좋은 사람, 좋은 인연에서 비롯되기 마련이다. 좋은 사람과 연을 맺으려면 손해를 감수할 수 있는 큰 그릇을 지닌 사람이 먼저 돼야 함을 꼭 기억했으면 한다.

결국 해내는 사람의 6가지 원칙

## 넘어질수록 더욱 강해지는 사람

성공한 사람들을 수없이 만나면서, 그들의 마인드가 우리와 크게 다르지 않다는 것을 알게 됐다. 즉, 평범한 우리도 얼마든지 따라 해볼 수 있다는 의미다. 예를 들어, 성공한 사람들은 자신이 원하는 것을 갖기 위해 지금 당장 해야 하는 일을 한다. 이 패기와 열정을 배우고 따라 하면 된다. 엄청나게 거창하거나 대단한 비결은 없다. 한번 시작하면 끝장을 보겠다는 각오로 달려들면 누구든 해낼 수 있다.

추가로 가장 큰 성공 포인트를 꼽자면, '끈질김'이다. 그들은 꿈을 현실화하는 과정에서 시련을 만나도 쉽게 포기하지 않는다. 요즘 말로 '중꺾마(중요한 것은 꺾이지 않는 마음)'처럼 역경과 어려움으로 고통스럽더라도 이를 견디고 이겨나가 결국은 극복해낸다. 주변에서 아무리 부정적인 반응을 보여도 휘둘리는 법이 없고, 자신의 성공을 위해 나아간다. 그 결과 그들은 이전보다 훨씬 더 강해진 모습으로 성장할 수 있었다.

지금 하고 있는 일에서 별다른 희망을 찾을 수 없는가? 막연하게 '내게는 과연 언제쯤 행운이 찾아올까?'를 그리고 있지는 않은가? 내가 하고 싶은 말은 하나다. 자신이 이미 무언가를 하고 있다는 것 자체가 동기 부여가 될 수 있어야 한다. 즉, 타인에게서 얻지 말고,

자기 안에서 찾을 수 있어야 한다는 의미다. 포기하지 않는 힘은 결국 마음가짐에서 비롯된다. 누구도 알려줄 수도, 가르쳐줄 수도, 고쳐줄 수도 없는 부분이기에 스스로가 마음을 다잡는 수밖에는 방법이 없다.

무슨 일이든 끈기를 가지고 치열하게 노력한다면 누구나 성공할 수 있다. 뻔한 말처럼 들릴지 모르겠다. 실제로 다들 열심히 하고 있지 않느냐고 되묻고 싶을 것이다. 그런데 주변을 둘러봐라. 끈기를 가진 사람도, 치열하게 노력하는 사람도 생각보다 많지 않다. 고비를 만나면 중도 포기하는 사람이 대부분이다. 우리는 이 뻔하디뻔한 성공 법칙을 알면서도 지키지 않는 것이다. 주변에 성공한 사람이 흔하지 않은 이유가 바로 여기에 있다.

살면서 맞닥뜨리는 모든 실수와 실패는 생을 마감하기 전까지 모두 쉼표에 불과하다. 인간은 어떤 실패를 경험해도 언제든 다시 일어나 시작할 수 있는 존재다. 한 번 넘어졌다고 해서 쓰러진 그 자리에 가만있으려고 한다면, 심지어 자기가 아니라 옆 사람이 넘어진 것을 보고 자신도 행여 다칠까 싶어 도전조차 하지 않는다면 그것으로 끝이다. 인생이라는 마라톤에서 승패를 가리기 위해서는 일단 끝까지 달려야 한다. 성공이란 어쩌면 무슨 일이든 끝까지 해내는 일 그 자체라고도 볼 수 있겠다.

앞으로 계속해서 강조하겠지만, 포기하지 않겠다는 용기, 끝까지 해내겠다는 끈기가 성공의 가장 중요한 요소다. 하늘을 원망하며 다음 기회를 노리는 보통 사람과는 달리, 성공하는 사람은 포기하고 싶은 순간에도 "딱 한 걸음만 더!"를 외친다. 나 역시 끝내 이 자리에 올 수 있었던 데는 숱한 실패에도 포기하지 않고 나아갔기 때문이라 단언할 수 있다. 마음을 저버리면 모든 것에 진다. 지치고 힘들어도 딱 한 걸음만 더 걸어보자. 넘어졌으면 다시 일어나 한숨 크게 쉬고 가던 길을 다시 걷자. 포기는 언제든 할 수 있으니 남아있는 에너지로 최대한 가보자. 훗날 돌아보면 그 순간에 내디뎠던 딱 한 걸음이 변곡점을 넘어서는 최초의 한 걸음이 될지도 모른다. 성공과 실패는 그 한 걸음 차이로 결정된다.

# "최악의 상황을
# 최고의 순간으로 바꾸다"

### 김봉진 우아한형제들 창업자 & 이수진 야놀자 대표

감당하기 어려운 시련을 마주했을 때, 재기 불능 상태에 빠지는 사람이 있는가 하면 어떤 이는 그 시련을 딛고 일어서 더 큰 성공을 이루기도 한다. 둘의 차이는 딱 하나다. 바로 '시련을 어떻게 받아들이고 대처했느냐'다.

사업을 하는 사람 중에서 위기를 맞아본 적 없는 사람이 과연 있을까? 단연코 없을 것이다. 나 역시 실패를 여러 차례 경험해본 사람으로서, 어떤 사업이든 시작하자마자 성공 궤도에 올려놓는 일은 재벌 2~3세가 아닌 이상 사실상 불가능한 영역이라는 것을 안다. 그래서 같은 사업가들을 만나면 항상 '실패를 만났을 때 어떻게 대처했는지'를 묻는다. 경영자의 대답에 따라 회사의 미래 성패를 가

늠해볼 수 있기 때문이다.

• • •

2014년, 국내 배달앱의 선두 주자인 배달의민족을 탄생시킨 김
봉진 우아한형제들 창업자를 처음 만났다. 당시 배달의민족은 아직
무르익지 않았던 국내 배달시장에서 앱 주문을 통한 배달 문화를
만들어가고 있었다. 그때만 해도 당연 매출보다는 브랜드 인지도부
터 올리겠다는 목적이 강했다. 그래서 소위 'B급 정서'의 유쾌한 광
고와 마케팅을 다수 집행하고 있었다.

김봉진 창업자 역시 적지 않은 실패를 경험했다. 이모션, 네오위
즈 등 여러 기업에서 디자이너로 경력을 쌓아온 그는 직장생활을
한 지 7~8년이 지난 후부터 미래를 고민했다. 일도 능숙히 했고 회
사에서도 인정받았지만, 노후까지 디자이너로서 먹고살 수 있을지
는 확신하기 어려웠다. 그래서 밖으로 나왔다. 서울 대치동에서 자
신의 오랜 꿈이었던 수제 가구 사업을 시작했다.

자신만만하게 시작했지만 사업은 처참히 망했다. 월세도 내지
못할 정도로 매출이 나오지 않았기 때문이다. 사업을 접고 나니 수
익은커녕 2억 원의 빚만 남았다. 새로운 사업을 해볼까 싶어 은행
을 찾았더니 대출은 불가하다는 통보를 받았다.

그는 어쩔 수 없이 빚을 갚아야 한다는 생각에 자신을 받아줄 회사를 찾아다녔다. 다행히 지인의 추천으로 네이버에 입사했다. 계약직인 데다 회사가 제시한 연봉 조건도 그다지 좋지 않았지만 선택의 여지가 없었다. 군소리 없이 받아들였다.

아무리 작은 회사라도 사업체의 대표로 지내다가 업무 지시를 받는 직장으로 돌아가는 일은 생각만큼 쉽지 않았을 것이다. 그러나 그는 업무는 물론 동료들과의 관계에도 신경 쓰며 2년간 열심히 직장생활을 이어나갔다. 더불어 다음 사업의 기회도 모색했다. 무턱대고 사업을 시작해서 곤욕을 치렀던 만큼 이번에는 직장을 다니면서 차분하게 시장 조사부터 해갔다.

그렇게 매일 주변 디자이너들에게 좋은 영감을 주는 영상이나 자료들을 8개씩 모아 네이버 오픈캐스트에 올렸다. 참고로 네이버 오픈캐스트는 네이버 블로거를 위한 일종의 웹진 서비스로 2022년 6월 서비스가 종료됐다. 블로그 포스팅을 작성해본 사람이라면 잘 알겠지만, 매일 새로운 자료를 모아 8개씩 포스팅을 한다는 것은 여간 어려운 일이 아니다. 그도 처음 한두 달은 매우 힘들었다고 한다. 하지만 멈추지 않고 명절에도, 자녀가 아파 병원에 데려가야 하는 날에도 매일 같이 업로드를 했다. 실제로 그의 재직 기간인 774일 동안 하루도 빠짐없이 오픈캐스트를 발행했다.

이 루틴은 그에게 많은 영감을 안겨줬다. 매일 쉬지 않고 트렌드를 조사하다 보니 아이폰이 2009년 국내 정식 출시되기 전에 미국과 일본에서 아이폰이 화제가 됐다는 사실을 가장 먼저 알았다고 한다. 스마트폰이 단순히 전화기 수준을 넘어 정보를 공유하는 거대 플랫폼이 될 수 있겠다는 확신이 들었다. 그렇다면 이 플랫폼을 어떻게 활용하면 좋을지 고민했고, 그 결과 중국집이나 치킨집 등 배달 음식을 한곳에 모아 주문까지 할 수 있는 서비스를 제공하면 되겠다는 결론이 나왔다. 그 아이디어 하나로 2010년 배달의민족이 탄생됐다.

그도 아주 흔한 사업 초보자들처럼, 회사에서 인정받던 직장인이 자신만만하게 회사를 차렸다가 쫄딱 말아먹었다. 그러나 거기서 멈추지 않고, 꾸준한 노력으로 자신의 실력 성장뿐 아니라 그를 바라보던 주변 시선도 긍정적으로 변화시켰다. '어디서 갑자기 낙하산이 들어왔다'며 마뜩잖게 바라보던 직장 동료들도 점점 그를 더 신뢰하고 응원하기 시작했다.

• • •

이수진 야놀자 대표 역시 '최악의 시절'을 오히려 사업 아이디어를 발전시키는 시간으로 탈바꿈시킨 인물 중 1명이다.

이 대표는 복잡한 가정 형편으로 어릴 때부터 친척 집을 전전하며 살았다. 성인이 된 후에는 고모 집에 얹혀사는 것이 부담스러워 숙식을 해결하면서 동시에 돈도 벌 수 있는 일자리를 찾다가 모텔 종업원이 됐다. 객실 청소부터 모텔 관리까지 모든 일을 도맡아 하며 돈을 벌었다. 차곡차곡 모은 돈으로 첫 사업을 시작했는데 결과는 썩 좋지 않았다. 샐러드를 배달하는 회사였는데, 당시 샐러드로 식사를 해결하는 사람이 적어 실패했고, 다시 모텔로 돌아갈 수밖에 없었다.

그러나 자신의 처지를 비관하지 않고 신속히 다음 사업을 구상했다. 오랫동안 몸담고 있던 모텔 업무를 공유하는 차원으로 포털 사이트 내 온라인 카페 '모텔이야기'를 개설했다. 이곳에서 직접 일하며 느낀 점을 올리기도 했고, 물품들의 가격을 비교하는 정보를 나누기도 했다. 모텔업 종사자의 구인·구직 공간으로도 활용되며 회원 수는 1만 명에 육박했다.

이후 2005년, 모텔업을 기반으로 한 기업 간 거래 Business to Business, B2B 사업을 시작했다. 초반에는 잘 풀리지 않았다. 1년간 매출이 6,000만 원인 데 비해 지출은 1억 5,000만 원으로 대규모 적자가 난 것이다. 사업을 접어야 할지 고민하던 중 포털 사이트 내 모텔 정보 카페 회원 수 3위였던 '모텔투어' 운영자가 자신의 카페를 인수하지 않겠느냐는 제안을 했다. 이 대표는 500만 원을 주고 카페를 인수했고, 규모를 더 키우기 위해 발품을 팔았다. 모텔 내부와 시설 사진들을 카페에 올리고, 이용자 수와 후기를 늘려나갔다. 회원 수는 1년 6개월 만에 도합 30만 명을 넘어섰다. 그것이 '야놀자'의 시작이다.

이 대표의 위기는 여기서 끝이 아니었다. 2년 동안 '모텔투어' 브랜드를 잘 키워나가고 있던 중 경쟁사에서 '모텔투어'라는 이름을 쓰고 싶다면 3억 원을 내놓으라며 상표권 주장을 한 것이다. 상표권을 미리 등록해야 하는지 몰랐던 그의 패착이었다. 3억 원을 주느냐, 잘 가꿔온 브랜드를 포기하느냐의 갈림길에서 그는 다시 한번 승부수를 던졌다. 회사 브랜드명을 바꾸기로 한 것이다. 삐삐나 휴대폰이 없던 시절에 친구에게 "야 놀자!"라고 외쳤던 순간들을 떠올리며 이름을 지었다.

공동 창업자와 내부 직원들에게 이 사실을 전하자 모두가 반대했다. 브랜드가 약해 보이기도 하고 뜻이 부정적으로 읽힌다는 이유에서였다. 하지만 이 대표는 3개월간 뚝심 있게 피력해 동의를 얻어냈다. 이번에는 일찌감치 상표를 등록하고 도메인도 미리 사들이는 등 2번의 실패가 없도록 만반의 준비를 마쳤다. 그렇게 시작한 '야놀자'는 2023년 기준 기업 가치 5조 원에 달하는 대형 기업으로 자리매김했다.

# 02

# 생존

## : 절박함으로 살아남아라

# - 1장 -

## 위기를 극복할
## 아이디어가
## 있는가

나는 운 좋게도 첫 번째 사업 때부터 창의적이고 기발한 홍보 마케팅 기획을 잇달아 성공시키면서 명성을 차츰 얻었다. 실제로 한국 최초의 기획은 물론, 사회를 뒤흔들 정도의 이슈도 여러 차례 만들어 언론으로부터 '이슈메이커'로 불렸다. 그 이후로 사람들에게서 창의적인 아이디어를 펼치는 비결에 관해 자주 질문을 받았는데, 그때마다 내 대답은 한결같았다. 바로 관심과 애정, 고민이었다. 이 세 가지가 합을 이루면 최상의 아이디어가 나온다.

　먼저 내가 홍보할 상품이나 프로젝트에 관심과 애정을 가진다. 그리고 이 상품을 더 효과적이고 효율적으로 홍보할 수 있는 방법,

세간의 시선을 단숨에 모을 수 있는 기획을 끊임없이 고민한다. 그러면 참신한 아이디어가 저절로 나온다. 애정과 관심의 정도가 깊고 고민하는 시간이 길수록 아이디어는 더욱 빛난다. 사랑에 빠지면 눈을 감으나 뜨나 사랑하는 사람만 생각나듯, 일할 때도 마찬가지로 해보는 것이다. 밥을 먹고 잠자는 순간까지 24시간 내내 고민에 고민을 거듭하다 보면 스스로 생각해도 기발한 기획이 툭 튀어나오게 된다.

사실 이 3가지는 기본 원칙에 불과하다. 돌이켜보면 가장 절박한 순간에 반짝이는 아이디어가 터져나왔다. 턱없이 부족한 마케팅 비용에 전국 단위의 홍보가 불가할 때, 가진 것이 하나도 없는데 어떻게든 회사를 살릴 묘수를 짜내야 할 때 상식을 깨는 창의력이 폭발적으로 발휘됐다.


## 500만 원으로 띄운 사랑의 유람선

1995년, 나는 대중화되지 않았던 에스테틱샵 프랜차이즈 사업을 계획한 후 급성장 중인 화장품 회사 대표에게서 협업 약속까지 받아냈다. 술술 일이 풀린 데다 큰 성공을 눈앞에 두고 기세등등했다. 하지만 1호 매장 개업을 앞두고 공사를 진행하던 중에 한 선배의 부탁을 받게 되면서 상황은 금세 역전됐다. "잠시만 돈을 빌려줄 수 없겠냐"는 말에 별일 있을까 싶어 가벼운 마음으로 사업 자금을 빌려줬다가 고스란히 떼이고 만 것이다. 자금을 몽땅 잃고 망연자실한 채로 프로젝트를 중단시켰다. 믿었던 선배에게 속았다는 배신감과 이런 말도 안 되는 상황을 초래한 내 어리석음을 도저히 견딜수가 없었다. 어떻게든 돈을 받아내기 위해 수소문해봤지만 실패했다. 설상가상으로 서울역 노숙까지 하게 되면서 몸과 마음은 피폐해져만 갔다.

자책만 일삼던 나를 구원한 것은 다름 아닌 새로운 사업 아이디어였다. 명동 거리에서 우연히 발견한 일본 잡지의 '결혼 정보 회사'에서 사업 아이템을 떠올렸다. 어떤 식으로 전개시킬지 꼬리에 꼬리를 무는 생각들이 즐겁게 이어지면서 단숨에 기력을 되찾았다. 집으로 돌아가 마지막 남은 재산인 중고차를 팔았다. 자금 500만원을 손에 쥐고 1997년 6월 결혼 정보 회사 '듀비스'를 시작했다.

속도감 있게 사업을 연 것까지는 좋았다. 그러나 사무실을 빌리고 나니 수중에는 남은 400만 원이 전부였다. 고객들을 유치하려면 홍보를 통해 회사의 인지도와 신뢰도를 끌어올려야 했는데, 400만 원으로는 전단지를 돌리는 방법 외에는 별수가 없었다. 이 문제를 어떻게 해결하면 좋을지 머리를 싸매다 때마침 본 미국 드라마 〈사랑의 유람선 The Love Boat 〉에서 그 힌트를 찾았다.

착안한 힌트는 '무료 선상 파티'였다. 일명 '사랑의 유람선'을 해 보는 것이었다. 어디에도 시도된 적 없는 로맨틱한 선상 파티를 열면 회사 인지도는 손쉽게 해결될 것 같았다. 파티에 참여한 모든 청춘 남녀도 회사의 잠재고객으로 만들 수 있을 것 같았고, 그 자리에서 듀비스의 개업식까지 겸한다면 금상첨화겠다는 계획이 섰다. 곧장 한강 둔치의 유람선 선착장으로 달려갔다. 1개월 후 토요일 저녁 시간대, 가장 좋은 크루즈 유람선을 이용할 수 있도록 계약했다.

주변에서는 무리수라며 뜯어말렸다. 당시 유람선 이용 비용이 인당 4만 5,000원의 코스 요리 100인분을 주문하는 것이었다. 다시 말해 내가 가진 밑천을 몽땅 털어 유람선에 온 모든 사람의 식사를 무료로 제공하겠다는 셈이니, 누구든 내 결정이 이해되지 않았을 것이다. 내 생각은 달랐다. 어차피 오래 버틸 자금이 없으니 초반에 승부수를 띄우지 않으면 승산이 없으리라 판단했다. 400만 원으로 3개월은 겨우 버틸까. 그렇기에 더더욱 무모할 수도 있는 이 이벤트를 내가 가진 모든 힘을 끌어모아 반드시 성공시키겠다고 다짐했다.

'사랑의 유람선' 이벤트 성공을 위해 또 하나 필요한 것이 있었다. 행사를 진행해줄 유명 MC였다. 당시 인기 프로그램 〈TV는 사랑을 싣고〉의 MC로 한창 주가를 올리던 개그맨 이창명을 섭외할 생각이었다. 수중에는 유람선 계약금 300만 원을 제외하고 100만

원이 전부였다. 그의 기본 출연료가 200만 원부터인 것을 고려하면 원하는 수준을 좀처럼 맞출 수 없을 것 같았다. 절박한 심정으로 그를 설득했다.

"1년간 10회 출연 조건으로 500만 원을 드리겠습니다. 괜찮으시다면 지금 50만 원 계약금을 드리고, 2개월 뒤에 잔금을 일시금으로 지급하겠습니다."

"어렵겠네요. 제가 행사 한 번 나가면 얼마를 받는지 아시나요. 기본 200만 원입니다."

"마음 같아서는 저도 남들 못지않은 대우를 해드리고 싶지만, 이제 막 시작한 작은 회사라 여유가 없습니다. 다만 1가지는 약속드릴 수 있습니다. 현재 사랑받고 있는 '사랑의 전령사' 이미지가 오프라인으로 이어진다면 분명 더 큰 시너지 효과를 기대해볼 수 있으리라는 겁니다. 꼭 함께하고 싶습니다. 도와주십시오."

마음이 통했는지, 그는 특유의 사람 좋은 웃음을 지으며 계약을 하자고 했다. 대신 회사가 성장하면 꼭 자신을 도와달라는 말과 함께 말이다. 계약서에 사인을 받고 사무실로 돌아와 곧바로 〈사랑의 유람선이 한강에 출항한다〉는 제목의 보도자료를 쓰기 시작했다. 내용은 다음과 같다.

청춘 남녀 50쌍에게 한강 유람선에서 실내악단의 연주가 어우러진 낭만적이고 로맨틱한 저녁 시간을 무료로 선물한다. 한강의 야경을 보면서, 고급 이탈리아 요리에 달콤한 와인을 마시면서, 운명 같은 당신의 인연을 찾아보라.

신문사를 직접 찾아가 일일이 담당 기자 한 분 한 분 만나 보도 자료를 전달했다. 전화나 우편, 팩스로 보내면 보지 않을 가능성이 높기 때문이다. 그런 노력 덕분이었을까. 수십 곳 언론사가 이 내용을 기사로 다뤘고, 반응은 실로 대단했다. 참가를 희망하는 사람은 500명이 넘어섰고, 문의 전화도 밤낮없이 쇄도했다.

행사도 아무런 사고 없이 성황리에 마무리됐다. 추첨으로 선발한 100명의 청춘 남녀는 개그맨 이창명의 사회로 즐겁게 시간을 보냈고, 듀비스의 인지도는 겸사겸사 급상승했다. 신생 회사지만 유람선을 통째로 빌릴 정도의 자본력이 탄탄한 기업으로 비치며 언론사의 취재 요청이 연이어 이어진 것은 의외의 성과였다. 결과적으로 500만 원이라는 적은 비용으로 수억 원의 마케팅 효과를 누릴 수 있었다.

## 간절하면 반드시 이뤄진다

듀비스의 시작은 완벽했지만, 성장은 매우 더뎠다. 1997년 말부터 시작된 외환위기IMF로 인해 경제 전반이 얼어붙어 있었다. 돈이 없어 결혼을 포기한다는 사람이 속출하는 상황에서 결혼 정보 회사가 잘될 리 없었다. 1998년 초, 인지도와 신뢰도, 충성도를 더 높여 경쟁사를 제치고 반드시 선택받는 단 하나의 회사가 돼야겠다고 결심했다. 이를 위한 계획으로 대기업과 제휴를 맺고 공동 이벤트를 열고자 했다. 삼성, 현대, 롯데 등 대기업이 선택한 결혼 정보 회사라면 자연히 고객들의 눈길을 사로잡을 수 있을 거라 판단했다.

우리 회사 직원 2명에게 이러한 생각들을 공유했더니, 모두 떨떠름한 반응을 보였다. '어떤 대기업이 대표를 포함해 직원이 고작 셋뿐인 회사와 공동 마케팅을 하겠느냐'는 것이었다. 직원 중 1명은 창피해서 전화도 못 하겠다고 했다. 이해는 됐지만 내 생각은 조금 달랐다. 이것이 가능과 불가능을 따질 이야기가 아니었다. '반드시 해야 할 일'이었다. 거절당한다면 어쩔 수 없는 일이지만, 불가능해 보인다고 해서 시도조차 하지 않는 것은 핑계에 불과하다. 사활이 걸린 문제라면 안 되는 일도 되게 만들어야 한다는 것이 내 지론이었다. 그만큼 간절했다.

해보지도 않고 안 된다는 말을 늘어놓는 직원들에게 화가 났지만 억지로 시킨다고 좋은 결과가 나올 리 없었기에 직접 전화를 돌리기로 마음먹었다. 오히려 내가 증명해내겠다는 오기마저 생겼다. 며칠 동안 전화를 돌렸고, 반응은 예상대로 좋지 않았다. IMF로 모두가 허리를 졸라매는 상황에서 신생 결혼 정보 회사의 공동 마케팅 제안은 그리 달갑지 않았을 것이다. 그러나 포기하지 않고 전화를 걸고 또 걸었다.

간절히 소망하면 이뤄진다고 했던가. 기적처럼 한 대기업에서 연락이 왔다. 기아자동차였다. 처음부터 바로 수락한 것은 아니었다. 당시 기아자동차는 IMF 사태로 부도를 맞아 미래가 불투명했다. 나는 이 힘든 시기를 극복하려면 우리와 함께해야 한다는 식으로 끈질기게 물고 늘어졌다. 몇 가지 던진 아이디어 중에서 다행히 1가지가 먹혀들었다. 미혼 남녀가 기아자동차를 타고 데이트를 즐기는 '오토 무비 드라이빙 파티' 내용을 듣고 드디어 기아자동차가 관심을 보인 것이다.

서울시청 앞에서 2인 1조 또는 4인 1조의 미혼 남녀가 기아자동차를 타고 용인 자동차 극장으로 가서 식사와 레크리에이션을 즐기는 겁니다. "기아자동차 힘내요! 우린 기아자동차를 응원해요!"를 주제로 한 드라이빙 파티가 되겠죠. 상상해보십시오. 기아의 부활을 염원하는 수백 명의 젊은이들이 기아자동차를 타고 시내를 달리는 모습을요. 언론도 주목할 겁니다. 어려움을 극복하고 건승하길 기원하는 '기아자동차 살리기 운동'으로 포장해 열심히 홍보하겠습니다. 국민 기업인 기아자동차를 사랑하는 국민의 한 사람으로 드리는 의견입니다.

우리 예상은 적중했다. 기아자동차 살리기 운동은 언론에서 크게 관심을 보였다. 기아라는 대기업과 손잡고 대형 이벤트를 펼친 듀비스의 유명세도 날로 커졌다. 여기서 주목해야 할 점은 듀비스가 들인 비용은 대기업에 전화를 돌린 노력과 참가자들에게 제공한 식사비 50만 원이 전부라는 것이다. 한마디로 투자금 대비 수십, 수백 배의 가치를 성공적으로 창출시킨 것이다.

이 경험은 직원들의 마인드를 변화시켰다는 점에서도 괄목할 만하다. 시도조차 하지 않고 포기하려고 했던 자신들의 과거를 부끄러워하며 조금씩 변화해나갔다. 뭐든 할 수 있다는 자신감과 적극적인 태도를 갖추면서 듀비스 역시 빠르게 성장할 수 있는 준비를 마쳤다.

## 영화 〈인턴〉에서 착안한 프로젝트

성공 의지는 크지만 규모가 작고, 자금난에 허덕이는, 그래서 냉엄한 현실에서 도태될 수밖에 없는 스타트업 기업과 사업가들. 작은 물방울이 모여 시내를 이루고 강과 바다를 만들어낸다는 말처럼, 나는 이들과 손을 잡고 '성공'이라는 기적을 만들어내고 싶었다. 그런 이유로 새로운 프로젝트에 도전했다. 지주사인 815커뮤니케이션을 중심으로 뷰티·푸드·헬스·교육·IT 등 다양한 분야의 스타트업 기업 13곳이 '815'라는 브랜드를 공유하는 이 프로젝트에 동참했다.

애초 계획은 이들이 이전과는 다른 성장 결과를 끌어내 성공 가능성을 보여주고, 이를 바탕으로 벤처캐피털 등의 투자를 유치해 본격적인 성장을 꾀하는 것이었다. 아무리 성장 플랜이 좋고 의지가 강하다고 하더라도 당장 계획대로 추진할 자금이 있어야 현실화할 수 있기 때문이다. 1년간 우리는 다양한 방식으로 성장 결과를 만들어 투자자 유치에 힘썼지만 현실은 차가웠다. 20곳 이상 되는 벤처캐피털의 거절을 받았다. 그래도 포기할 수 없었다. 어떻게든 세상에 우리 존재, 꿈과 비전을 알리고자 노력했다. 이를 위해 유명인을 광고 모델로 활용하는 묘안을 떠올렸다.

물론 광고 모델을 섭외하려면 돈이 필요했다. 어떻게 하면 부족한 자금난을 딛고 이 목표를 실현할 수 있을까? 고민 끝에, 2015년 개봉한 영화 〈인턴 The Intern〉에서 그 실마리를 찾았다. 때마침 침체돼 있던 815그룹의 분위기도 바꿀 수 있는 전략이었다. 바로 '시니어 인턴 프로젝트'였다. 영화 〈인턴〉의 제작사인 워너브라더스 Warner Bros 에 우리 계획을 알렸고, 흔쾌히 공동 마케팅 허락을 받아냈다.

2015년 10월, "글로벌 영화 제작사 워너브라더스와 공동으로 시니어 전문 인력을 815그룹사의 인턴으로 채용하는 '시니어 인턴 프로젝트'를 진행한다"는 보도자료를 냈다. 내용에는 '시니어 인턴은 그룹 소속 13개 기업의 각 분야에 맞게 배치된다', '주 1~2회 출근해 최고경영자 CEO 의 자문역을 한다', '해당 기업의 스톡옵션으로 급여가 제공된다' 등을 안내했다. 흥미로운 소식에 많은 언론이 "한국의 로버트 드 니로를 찾는다"는 제목의 기사를 잇달아 내보냈다.

코너에 몰린 회사를 어떻게든 전환해보려는 노력 덕에 몸값만 수십억 원인 할리우드 배우 로버트 드 니로 Robert De Niro 와 앤 해서웨이 Anne Hathaway 의 초상권을 원 없이 쓰며 수억 원의 광고 효과를 누릴 수 있었다. '시니어 인턴'이라는 독특하고 신선한 시도를 하는 도전적인 스타트업 기업이라는 이미지를 얻은 동시에, 프로젝트를 영어로 홍보해 페이스북 등 SNS에 게시하는 과정에서 미국과 영국 등 서구 유럽에서도 이름을 알리는 효과까지 거뒀다.

뜻밖의 성과도 있었다. 영화 〈인턴〉의 로버트 드 니로 역할에 못지않은 유능한 시니어 인턴, 즉 인생 선배님이라 부를 만한 사람을 만났다는 것이다. 애당초 회사 마케팅과 기업 브랜드 등을 목표로 추진했던 프로젝트였기에 이 점은 별로 큰 기대가 없었다. 인턴으로 채용된 변해진 선배님을 만나기 전까지 말이다. 그는 미디어서비스코리아(현 닐슨미디어코리아)의 CEO이자, 지금도 TV 시청률 집계에 사용되는 피플미터 방식의 시청률 집계 시스템을 국내에 도입·정착시킨 걸출한 인물로, 1996년 영국의 미디어 전문지 〈미디어인터내셔널 Media International〉에서 한국인 중 유일하게 '아시아 방송·광고계에서 가장 영향력 있는 8인'으로 선정되기도 했다.

변 선생님은 무거운 짐을 홀로 짊어진 내게 큰 힘이 돼줬다. 산전수전 다 겪어본 선배님 앞에서는 함께 사업을 도모한 젊은 사업가들과 나누기 어려운 고민도, 실패할지도 모른다는 괴롭고 불안한 마음도 가감 없이 내보일 수 있었다. 또한 고민 상대에 그치지 않고 실질적인 도움도 줬다.

한번은 이런 일이 있었다. 그룹 계열사 중 화장품 회사가 있었는데, 회사 내에서 대표할 만한 상품을 우리가 직접 개발해보면 어떻겠냐는 이야기가 나왔다. 좋은 아이템도 찾았지만, 문제는 역시 부족한 자금이었다. 이 고민을 털어놓자 선배님은 정부 매칭펀드 Matching Fund 라는 돌파구를 알려줬다. 그뿐 아니라 매칭펀드를 성

사시킬 수 있는 엔젤 투자자들도 여럿 소개시켜줬다. 덕분에 우리
는 화장품 개발에 본격적으로 착수할 수 있었다. 마지막 단계에서
매칭펀드 심사 통과를 안타깝게도 받지 못했지만, 이때의 경험은
내게 강렬히 남아 있다.

- 2장 -

## 살고자 한다면
## 기는 것쯤은
## 아무것도 아니다

"바닥을 기어라!"

이 말을 듣고 무작정 바닥을 길 사람이 있을까? 아마 아무도 없을 것이다. 하지만 총알이 빗발치는 전쟁터라면 어떨까? 기어야 산다면 누구라도 길 것이다. 살고자 하는 절박함이 기는 것쯤은 아무렇지 않게 만들어버리는 것이다.

비즈니스는 전쟁이다. 자칫하면 모조리 잃을 수도 있다. 나뿐만 아니라 심지어 가족의 미래까지 잃게 된다. 이보다 더한 절박함이 있을까? 정말로 도움이 필요하고 생존이 절실하다면 뭐라도 해야 하고 누구라도 만나야 한다.

'내가 얼마나 절박한가?'

'절박한 만큼 열심히 뛰고 있는가?'

경험상 사업을 성공시키는 데 가장 중요한 것은 자금도, 기발한 사업 아이템도 아니었다. 이 마인드를 갖추고 있느냐 없느냐에 따라 성패가 갈린다. 듀비스만 하더라도 구석에 몰린 쥐가 고양이를 물듯 퇴로가 없는 상황에서 이뤄낸 성과였다. 땀을 흘리며 최선을 다해 앞으로 나아가는 것 말고는 다른 생각을 할 겨를조차 없었다. 가진 것이 없었던 만큼 절실했고, 그렇기에 오히려 불가능을 뒤집는 역전 드라마를 쓸 수 있었다.

내가 엉뚱한 사람, 창의적인 사람이라는 소리를 들었던 것도 사실 따지고 보면 성공할 방법이 그것 외에는 없었기 때문이기도 하다. 자본금이 부족한 약자가 돈이 많은 강자들과 경쟁하려면 그들과 똑같은 방법으로는 절대로 이길 수 없다. 멀리 보고 신중히 행동하기보다는 언제나 재빨리 생각하고 행동하는 수밖에 없었다. 신속하게 치고 빠지는 게릴라 형태로 성공률을 높이다 보니 어느샌가 창의적인 사람이 되어 있었다.

이렇게 거친 시간을 거쳐온 사람으로서 나는 사업 파트너를 정하거나 내가 도움을 줄 사람을 택할 때 상대의 절실함을 우선으로 봤다. 아무리 좋은 아이디어를 가지고 있더라도 절박하게 매달리지 않는다면 어떠한 결과도 만들어낼 수 없음을 아주 잘 알기 때문이다.

## 성공을 위해 영혼까지 내놓을 수 있는가

뒤에서 자세히 풀겠지만, 과거 4인조 강도단에게 납치를 당하는 예상치 못한 불행을 경험한 후 성공을 목표로 했던 인생과 인간관계 등에 회의감이 들었다. 이후로 마음을 닫고 7년간 방랑 생활을 했다. 그런데 시간이 지나면 지날수록 사람으로 상처 입은 마음은 결국 사람으로 치유된다는 사실을 절절히 깨달았다. 사람이 싫어 떠났던 길에 각양각색의 사람들로 가득 채우고 돌아온 것이다.

그때부터 나 자신의 성공보다 다른 사람의 성공을 위한 삶을 살아야겠다고 결심했다. 내가 가진 재능으로 다른 사람을 도울 수 있는 방법을 찾았고, 사업이라는 험난한 길을 떠난 사람들에게 희망을 주고자 했다. 그래서 2010년부터 도움이 필요한 1,000개의 중소기업과 스타트업 기업을 돕는 '천사(1000社) 프로젝트'를 시작했다. 성공하겠다는 열의와 꿈을 가지고 있는 사업가 1,000명이 자립할 수 있도록 1년간 무료 경영·마케팅 컨설팅을 해주는 프로그램이었다.

'돈 벌고 싶다', '성공하고 싶다'는 막연한 희망으로 사업이라는 전쟁터에 뛰어들었다가 피 같은 투자금을 날리고 빚더미에 앉은 사업가들을 수도 없이 봐왔다. 본인은 물론 가족까지 깊은 좌절과 패배감에 사로잡히고 상당히 긴 시간을 경제적 고통 속에서 허우적거리는 그들을 위해 내가 해줄 수 있는 일은 최소한 사업가들이 가져야 할 것과 변화해야 할 것이 무엇인지 알려주고, 실패하더라도 다시금 일어설 수 있는 용기를 갖게 해주는 것이었다.

그들에게 작은 성공 경험을 쌓는 법부터 알려줬다. 타인의 훌륭한 결과물, 조언, 동기 부여는 일시적이다. 반대로 자신의 성공 경험은 평생 자신에게 살아갈 원동력을 안겨준다. 방법은 간단하다. 마케팅에서 성공 경험을 맛보게 하는 것이다. 실전을 통해 '이런 식으로 하면 된다'는 것을 몸소 익히고 자신감을 갖게 해서 향후 성공할 수 있는 능력을 갖추게 하는 것까지를 목표로 삼았다. 즉, 고기를 직접 잡아주는 것이 아니라 잡는 법부터 가르쳐주고 긍정 경험을 스스로 쌓도록 하는 것이다.

과거 기업 마케팅 컨설팅을 맡았을 때, 내 최고 연간 보수는 1억여 원 이상이었다. 스스로를 프로라 여겼기에 몸값을 낮춘 적이 거의 없었다. 하지만 이 프로젝트에 참여하는 스타트업 기업에는 돈을 일절 받지 않았다. 스스로에게는 나름대로 파격적인 행보였다. 돈을 받지 않는 대신 그들에게 다른 것을 요구했다. 바로 '영혼 담보 계약서'였다. 이 계약서의 골자는 "지금은 도움을 받는 처지지만 훗날 성공할 시 다른 이를 반드시 도울 것을 영혼을 걸고 약속한다"는 것이다.

어떤 이는 이 계약서를 보고 "계약서 내용대로 남을 돕는 일은 기꺼이 하겠지만, 종교가 있어 영혼을 맡길 수는 없다"고 했고, 어떤 이는 "자신의 또 다른 직업이 시인"이라며, "시인이 영혼을 담보로 맡긴다면 영영 시를 쓸 수 없을 것"이라는 이유를 들며 난색을 보이기도 했다. 물론 작성하지 않아도 도와드릴 수 있다고 늘 첨언했으나, 이 말이 무색하게도 계약서 내용은 이슈가 됐다. 일본 신문에 해외 토픽으로 소개되기도 했다.

이 계약서를 요구한 데는 나름의 목적이 분명했다. 우선 기본적인 태도를 엿보기 위함이었다. 진정으로 성공을 갈망한다면 그 어떤 미친 짓도 할 수 있어야 한다고 생각한다. 그리고 다음 3가지 이유가 더 있다.

첫째, 아무리 좋은 일도 재미가 없거나 눈에 띄는 차별점이 없다면 다른 사람의 관심을 끌 수 없다는 점을 알려주고 싶었다. 사업하는 사람은 자신만의 셀링 포인트를 만들 수 있어야 한다는 것을 눈에 보이는 사례로 직접 보여준 것이다. "당신의 절박함을 보여달라"는 말보다 '영혼 담보 계약서'로 문서화할 때 절박함의 의미가 본인 스스로에게 더욱더 선명하고 강력하게 입력된다.

둘째, 사업가에게 성공 스토리를 만들어주고자 했다. 이런 특이한 계약을 하면서까지 전문가의 도움을 갈구했다는 사실, 성공해서 자립한 뒤 반드시 다른 누군가를 도울 것이라는 약속 그 자체만으로 훌륭한 성공 스토리가 된다.

셋째, 매출에 실질적인 도움을 주기 위함이다. 영혼을 내놓을 각오까지 된 사람이라면 무조건 성공할 수 있는 사업가라고 봤다. 그런 그들에게 기꺼이 도움이 되고자 했다.

한 예로 매출 증가를 도모할 수 있도록 커머스 기업인 쿠팡에 제휴 제안을 했다. 1년 동안 매월 4~5개 중소기업을 선정해 무료 광고를 요청한 것이다. 물론 아무런 대가 없이 그랬던 것은 아니다. 나 역시 쿠팡을 통해서만 '천사 프로젝트'를 진행하겠다는 것과 '세계 최초 영혼 담보 소셜 커머스 상품'이라는 뉴스를 제공하겠다고 선언했다.

순조롭게 협상이 진행됐다가 막판에 경영진의 보류로 무산됐다. 성사하지 못한 이유는 단순 아이디어의 문제가 아니었다. 당시 엄청난 적자가 발생한 쿠팡에서 추가 투자를 받기 위해 비수익성 사업을 진행할 수 없기 때문이다. 그래서 이 프로젝트는 기업 평판을 위해 ESG 경영이 유행인 지금도 얼마든지 시도해볼 수 있을 것이라 생각한다.

성공을 위해 영혼까지 내놓을 자신이 있는지를 논하는 것이 어쩌면 거북하고 과분한 이야기로 들릴 수도 있다. 그러나 이 생각은 지금도 변함없다. 그 정도로 절박하지 않으면 성공이란 단어를 곁에 둘 자격이 없다.

## 비루한 시간을 견딜 수 있는가

회사를 운영하다 보면 다른 회사의 개업식에 초대받는 경우가 많다. 현장에 가보면 대개 축하 화환과 화분으로 가득 찬 사무실, 손님들로 북적이는 풍경이 펼쳐진다. 모인 사람들끼리 "시작부터 이렇게 화려하다니, 곧 성공하겠어!"라는 말을 으레 주고받고는 하는데, 이런 모습을 볼 때면 나는 괜스레 걱정부터 든다. '새로 시작하는 사람이 개업식부터 이렇게 크게 해서야. 차라리 이 비용을 사업하는 데 썼더라면…'이라는 생각이 먼저 든다.

사업을 단순 '일확천금의 기회'로 여기는 사람들이 많다. 멋진 결과만을 꿈꾸며 어깨에 힘부터 넣는다. 그러나 사업은 '생존'을 가장 먼저 고려해야 한다. 재벌가의 후손이 아니고서야 우리는 모두 경제적 약자다. 늘 돈이 없다는 마인드로 일해야 한다는 말이다. 실제로 나는 여러 번 사업을 했지만 개업식은 거의 하지 않았다. 수중에 있는 돈이 항상 부족했기에 구하는 사무실마다 초라하기 그지없었다. 그래서 지인들에게 별로 보여주거나 자랑하고 싶지 않았다.

또 개업식에 초대된 사람들은 아무래도 뭐라도 조금 도와줘야겠다는 마음이 들게 되고, 나 역시 그런 도움을 내심 바라게 되는데 그다지 좋지 않은 모양새라고 생각했다. 인맥을 믿고 사업을 시작하면 사업은 사업대로 안 풀리고, 괜히 주변 사람들에게 섭섭한 마음만 잔뜩 들 수 있기 때문이다. 초청된 지인들이 실제 사업에 도움을 줄지언정 그것은 그저 운이 좋았다는 식으로 가볍게 넘어가야 한다. 행운의 영역을 사업 계획에 포함해서는 안 된다.

개업식뿐만 아니라 사업 초기에는 모든 측면에서 비용을 아끼는 태도를 유지하는 것이 좋다. 일단 살아남아야 다음을 도모할 수 있기 때문이다. 나는 수중에 1억 원이 있다고 해도 자본금은 2,000만 원뿐이라는 생각으로 일했다. 소극적으로 행동하지 않을까 걱정스러울 수도 있겠지만 생각을 고쳐먹으면 그럴 일도 딱히 없다. 돈이 없으면 오히려 다른 사람과 힘을 합치거나 도움을 받는 등의 해결책을 모색하게 된다. 돈을 절약하는 방식을 고민하며 차근차근 성장해나가면 된다. 만약 상황이 뜻대로 풀리지 않더라도 자본금이 남아 있으니 조급한 결정을 내리는 우를 범하지 않는다는 점에서도 유리하다.

와닿지 않는다면 반대로 생각해보자. 여기 1억 원의 자금도 부족하다는 사람이 있다고 해보자. 그래서 1억 원을 더 대출받아 2억 원을 소지한 후에 사업을 시작했다. 처음부터 사업에 사업 자금으로 모두 사용했고, 얼마 되지 않아 몽땅 날리게 됐을 경우를 떠올려보자. 어떤가? 매우 위험해 보이지 않는가? 모든 재산을 잃은 뒤 냉정함을 유지할 수 있는 사람은 과연 몇이나 될까? 맹세코 많지 않다. 어떻게든 자본금을 복구해야 한다는 불안감에 시달려 눈에 빤히 보이는 위험도 못 본 채 그릇된 판단을 하게 될 가능성이 높다. 그렇게 실패가 반복되다 보면 기사회생도 불가한 상황에 놓이게 된다.

비즈니스라는 전쟁터에서는 수없이 많은 전투가 일어난다. 승리하기 위해서는 수없이 많은 전투를 치러야 한다. 모든 전투에서 백전백승하는 일은 사실 불가능하다. 한두 번쯤은 패배할 수도 있다는 각오를 다져야 하며, 반드시 살아남는 것을 목표로 둬야 한다. 9회 말 투아웃 역전승을 보며 우리는 대단하다 감탄하지만, 그 역전승도 타자가 공을 칠 힘을 남겨뒀을 때 비로소 가능한 법이다.

일각에서는 생존을 최우선시하는 모습을 두고 '쫀쫀하다', '배포가 작다'며 비판하기도 한다. 초라하고 구차한 모습을 스스로 견디지 못하는 사업가도 적지 않다. 나 역시 이런 시간을 '비루한 시간'이라고 부른다. 하지만 이 비루한 시간을 견디지 못한다면 사업가로서 성공하기란 어렵다. 아무리 경험 많고 유능한 사업가라고 하더라도 자신이 잘 모르는 새로운 사업을 하게 되면 마땅히 겪는 시행착오쯤은 있기 마련이다. 시행착오의 과정을 거치면서 비용을 최대한 줄여나가는 것이 가장 현명하지 않을까? 가능한 수업료를 적게 내고 비루한 시간을 견뎌내는 자세는 칭찬받아 마땅하다.

1965년, 10대 후반의 프레드 드루카 Fred DeLuca 는 자본금 1,000달러로 샌드위치 가게를 창업했다. 거기서 의미 있는 성공을 거두며 주변으로부터 프랜차이즈 사업 권유를 끊임없이 받았다. 그럼에도 불구하고 쉽사리 움직이지 않았다. 샌드위치 가게를 운영한 지 9년이 지난 1974년에서야 프랜차이즈를 시작했다. 9년이라는 시간 동안 왜 사업을 확장하지 않느냐는 주변의 타박을 들으면서도 스스로 준비됐다는 확신이 들 때까지 비루한 시간을 견딘 것이다. 그렇게 시작한 프랜차이즈 사업은 고속 성장했고, 2023년 기준 전 세계 100여 개국에서 5만 개 이상을 보유한 글로벌 기업으로 자리매김하게 됐다. 그것이 바로 미국 프랜차이즈 1위 기업인 서브웨이SUBWAY 다.

생존을 위해 노력하는 자신을 보고 누군가 초라하다고, 궁상맞다고 말한다면 부끄러워하지 말고 '내가 제대로 사업하고 있구나'라는 증표로 받아들이길 바란다. 비루한 이 시간은 더 큰 도약을 위해 몸을 움츠리고 있는 준비 시간이라는 것을 잊지 마라.


## 남들과 다를 자신이 있는가

2002년, 초·중·고등학생을 대상으로 하는 온라인 영어 교육 회사 A사의 컨설팅을 진행한 적이 있다. 어렵게 투자 유치에 성공해 자본력을 확보했지만, 1단계 교재 개발만 마쳤을 뿐 2~3단계는 아직 개발 진행 중이었다. 게다가 시장에서 신뢰도가 낮은 브랜드라는 약점도 있었다. 이렇듯 학부모의 선택을 받을 수 있는 상황이 아니다 보니 A사와 대리점 계약을 맺겠다는 곳도 없었다. 결론은 브랜드 인지도를 끌어올려 대리점망을 전국 단위로 구축하는 동시에 학부모들의 선택을 유도해야 한다는 것이었다. 하지만 TV 광고를 통해 내가 원하는 결과를 얻으려면 수십억 원을 써도 모자랐다.

이 무렵, 미군의 장갑차 사고로 중학생 2명이 희생된 안타까운 사고가 일어나면서 전국적으로 반미 감정에 불이 붙었다. 뉴스를 보면서 생각했다. '미군은 위기감에 궁여지책을 찾고 있겠군.' 재빨리 마케팅 제휴 제안서를 쓰고 A사로 찾아갔다. 회사 경영진은 난색을 보였다. 미군이 이런 마케팅 제휴를 우리와 할 리가 없다는 이유였다. 나는 그들을 설득했다.

남들 이상 성공하고 싶다면서 왜 남과 똑같이 행동하려 하나요. 남들과 다른 사고와 행동을 할 때 비로소 남들 이상이 될 수 있습니다. 비현실적이라고만 생각하지 말고 일단 진행해봅시다. 미군이 거절하면 그때 포기해도 늦지 않습니다.

그들의 승낙을 받고 사무실로 돌아와 계획을 세우기 시작했다. 때마침 교재 홍보 모델로 영입했던 개그맨 이홍렬이 한국복지재단의 홍보대사임을 알아챘다. 얼른 한국복지재단 측에 "경제적으로 어려운 청소년들에게 영어 교육 기회를 제공하겠다"는 제안을 던지고 흔쾌히 승인을 받았다. 곧장 국방부 홍보실에 연락했다. "한국 복지재단과 함께하는 뜻깊은 일에 미군의 참여도 권하고 싶다"는 뜻을 전하자, 홍보 담당자는 일언지하에 거절했다. 또다시 내 설득이 시작됐다.

> 지금 한국 내 미군에 대한 부정적인 감정이 매우 커졌으니 이미지 개선을 위한 노력이 필요할 겁니다. 미군이 진심으로 한국을 친구로 생각한다면 그 마음을 적극 표현해야만 합니다.

그 후로 1주일 뒤, 우리 제안이 통과됐다는 소식을 듣게 됐다. 한국인을 친구로 생각하는 마음을 표현하라는 내 설득이 통한 것이다. 미군은 강원 원주 독수리부대 연락처를 알려주며 함께 공동 마케팅을 진행해보라고 했다. 또 해당 부대의 미군들이 원주 지역의 보육원생과 형편이 어려운 학생들에게 A사가 만든 교재로 영어를 가르치겠다는 약속까지 받아냈다. 관련한 내용은 언론의 주목을 받아 대대적으로 보도됐다. 회사 브랜드 역시 자연적으로 노출됐다.

효과는 실로 대단했다. 대리점 수가 1개월 만에 30개에서 100개로 늘어났고 회원 수도 급증했다. 미군이 교재로 쓸 만큼 잘 만든 영어 교재라는 점이 특히나 학부모들의 마음을 사로잡은 것이다.

우리가 쓴 비용은 놀랍게도 학생들에게 지급한 교잿값인 몇백만 원이 전부였다.

절박한 사람은 성공을 위해 어떤 일이든 해낼 자세가 되어 있다. 평소에는 쉽게 하지 않을 행동도 할 것이란 기대도 있다. 이 점을 잘 파고든다면 타인을 통해 기회를 충분히 만들어낼 수 있다.

# "세상의 모든 문은
# 결국 내가 열어야 한다"

이길순 에어비타 창업자

"열심히 노력했는데 목표를 이루지 못했어요."

혹시 이런 말을 해본 적 있는가? 대부분이 해봤을 것이다. '열심히'라는 기준은 사람마다 다르다. 누가 봐도 미쳤다고 할 정도로 열심히 했다면 분명히 성공했을 것이다. 그러니 실패했다면 '덜 미쳤기 때문'이 아닐까 의심해보는 것이 좋다.

앞서 말했듯 성공하려면 남들과 달라야 한다. 극단적으로 말하자면, 성공은 비상식적으로 행동하는 미친 자들의 것이다. 세상에 날고 기는 전문가가 정말로 많다. 그들을 이기려면 상식적으로 행동해서야 되겠는가. 어림도 없다. 차별점을 만들고 업계에 일대 파란을 일으켜야 한다. 당연한 말이겠지만 당연 일에 미쳐야 한다.

내가 만나본 사람 중에 '일에 미친' 대단한 사람이 1명 있다. 소형 공기청정기 기업 에어비타 창업자 이길순이다. 사회 경험이 전무했던 38세 평범한 가정주부의 그가 국내 소형 공기청정기 시장을 이끄는 한 기업의 창업자로 거듭나기까지의 우여곡절은 이루 말할 수 없다.

사업의 시작은 단순했다. 반지하에 살던 친구 아들의 딱한 사정을 보고 서민을 위한 공기청정기를 개발해야겠다고 다짐한 것이 시초다. 거기까지는 좋았으나 기술 개발부터 제품 생산, 영업, 마케팅까지 넘어야 할 산이 첩첩산중이었다. 김밥 한 줄로 끼니를 때우며 하루 종일 운전만 하는 날이 매일 이어졌다. 사회 경험이 부족했던 탓에 시련도 많았다. 사기를 당하고, 공장 화재로 많은 재산을 잃기도 했다.

실패를 거듭하는 그를 보고, 주변 사람들 모두가 "허황된 꿈을 꾸고 있다"며 극구 말렸다. 그러나 그의 고집은 쉽사리 꺾이지 않았다. 108번의 실패를 겪으면서도 단 1번도 포기하지 않았다. 그런 생각조차 갖지 않았다. "자식에게 부모가 포기하는 모습을 보여줄 수 없다"며, 반드시 성공하는 모습을 보여주고야 말겠다는 각오로 이를 악물었다. 마음을 다잡기 위함으로 자신의 이름으로 만든 구호도 갖췄다.

"나는 할 수 있다! 에어비타를 세계적인 브랜드로 만들 수 있다!

세상이 이 '이길순'을 이길 수는 없다!"

이 구호를 종이에 직접 써서 운전대 옆, 컴퓨터 위, 사무실, 화장실 등 눈에 띄는 모든 곳에 붙였다. 심지어 침대에 누웠을 때도 볼 수 있도록 천정에 떡하니 붙여놨다. 이런 모습이 바로 성공을 바라는 자의 미친 행동, 절실한 갈망이 아닐까?

그의 열정은 가실 줄을 몰랐다. 홈쇼핑과 백화점 등 직접 발로 뛰어 발품을 팔아보려 했지만, 소기업의 한계는 명확했다. '국내가 어렵다면 해외로 눈을 돌려보는 건 어떨까?' 품질만큼은 자신 있었던 그였기에 해외 시장에서 먼저 인정받고 국내 유통업체를 추진시켜 보자는 계획으로 방향을 틀었다. 그렇게 여러 차례 미국과 유럽을 오가며 각종 인증을 하나둘씩 받아냈고, 해외 바이어들로부터 기술력에 대한 신뢰를 서서히 얻기 시작했다. 이것이 20여 개국의 나라로 수출하는 에어비타의 탄생 스토리다.

. . .

이길순 창업자와 같이 성공을 위해 미치기란 어디 말처럼 쉬운 일일까? 경주마처럼 목표를 향해 쉼 없이 내달리다 보면 어느 날 문득 우울감이나 회의감, 두려움 등에 휩싸이게 된다. '이것이 맞는 방향일까?' 하고 멈칫하게 되고, 인생의 허무함을 느끼기도 한다.

이러한 부정적 감정은 성공으로 가는 길을 가로막는 가장 큰 방해물이다. 아무리 스스로 능력이 출중하더라도 감정의 무게에 결국 고꾸라지게 된다. 그러므로 최대한 빨리 빠져나와야 한다. 원인이나 이유와 관계없이 자신의 감정을 잘 다스릴 수 있어야 성공에 가까워질 수 있다. 그런 날이 찾아올 때를 대비해 스스로 어떻게 행동할지 미리 생각해두는 것도 하나의 방법이다.

그렇다면 방법에는 무엇이 있을까? 해답은 따로 없지만, 개인적으로 작은 성취감을 쌓는 일이 부정적 감정을 해소할 수 있는 제일 좋은 방법이라 생각한다. 그래서 보통 일에 더 매진하려고 한다. 만약 일에 집중하기도 어려운 상태라면 책상에 앉아 있기보다는 현장으로 나간다. 몸을 직접 움직이다 보면 온몸을 지배하던 열패감이 조금씩 사그라들고 희망이 싹트는 것을 느낀다. 또는 좋아하는 영화나 책을 보거나 맛있는 음식을 먹기도 한다. 가급적 생각은 멈추고 좋아하는 일에 몰두하고 천천히 음미해보는 것이다. 그러다 보면 어느샌가 일에 매진할 기운이 충전돼 있다.

사는 일은 녹록지 않다. 성공을 좇는 사람일지라도 열정이 꺾이는 순간이 분명히 있다. 갑작스럽게 몸이 아프거나 일이 잘 풀리지 않아 연속해서 실패했을 경우, 자기 능력이나 지향하는 바에 대한 회의감이 들고 만사가 귀찮아지게 된다. 특히 가족 중 한 사람이 아프거나 사람 관계가 틀어졌을 때는 '지금 내가 뭐 하는 짓인가?' 하는 비관적 사고에 빠질 수도 있다. 나 역시 처음부터 중도를 잘 지켜왔던 것은 아니다. 실수와 오만으로 꿈을 잃고 끝도 없는 자책과 패배감에 시달리며 서울역에서 노숙 생활을 한 적도 있다. 그런 고통의 시간 끝에 깨달은 것은 부정적 감정에 휘말리는 것도, 그 감정에서 빠져나오는 것도 모두 다 내 선택이라는 것이었다. 그러니 스스로 애써야 한다. 방법은 무엇이든 좋다.

성공이란 자고로 끊임없이 밀어닥치는 감정들을 이겨내야만, 매 순간 나약해지는 마음과 싸워 이겨나가야만 얻을 수 있다. 이길순 창업자 역시 다음과 같이 말했다.

"남이 열어주는 것은 내 사업이 아니다. 세상의 모든 문은 결국 내가 열어야 하는 것이다."

꿈이 좌절되는 순간에도 다른 사람의 탓은 절대로 하지 마라. 자기 자신에게서 원인을 찾고, 자신과의 싸움에서 이길 수 있는 방법을 찾자. 모든 답은 '나'에게 있다.

PART
# 03
# 실행

## : 일단 움직여라

# - 1장 -

## 시작하지 않는 이유는
## 핑계다

2010년 이후로 '천사 프로젝트'를 진행하며 도움을 준 사람만 해도 수백 명에 달한다. 연령도, 학력도, 경력도 모두 천차만별이었다. 신기한 것은 이들 모두에게 똑같이 열과 성을 다해 컨설팅을 해 줬음에도 모두 다른 결과를 낳았다는 점이다. 기대 이하의 성과를 내는 기업과 사람들을 보며 처음에는 당최 이해되지 않았다. 시간이 지나고 관계하는 사람들이 늘어가면서 그 이유가 무엇인지 비로소 알게 됐다. 바로 '실행력'이었다. 무슨 일이든 직접 행동하지 않으면 아무 소용이 없다. 이거다 싶으면 저지르고 봐야 한다. 일단 칼이라도 빼 들어야 무라도 벨 수 있다는 얘기다.

곧 회사가 망할 수도 있는 비상사태임에도 불구하고 뒷짐만 진 채 불구경하듯 보는 사람, 뭐든 부딪치고 도전해보겠다는 마인드가 없는 사람, 남의 이목 때문에 신경 쓰여 못 하겠다는 사람. 그들의 입에서는 늘 "그게 정말 되긴 하나요?"라는 질문부터 나왔다. 갖은 궁리를 하며 하지 않을 핑계만 늘어놓던 사람들은 결국 아무것도 하지 못했고, 목표에도 다다르지 못했다. 이래서야 내가 아무리 좋은 아이디어를 제시한다고 그에 합당한 효과가 과연 날 수 있을까?

성공한 사업가 중에서 게으른 사람은 단 1명도 없다고 감히 장담한다. 그들은 항상 바쁘게 움직이며, 24시간이 부족하다고 입을 모은다. 달리다가 넘어지더라도 주저앉아 있는 법이 없고, 다시 툭툭 털고 일어서서 달린다. 반면 그에 비해 평범한 우리는 어떤가? 일단 '시작하는 일'부터 힘겹다. 이것이 문제임을 이미 잘 알고 있을 것이다. 해결할 수 있는 답도 뻔하다. 도전하고 노력하면 된다. 그런데도 왜 하지 않는 것인가?

유명한 이야기 하나를 들려주겠다. 한 남자가 영국 시인이자 사상가 윌리엄 블레이크William Blake를 찾아와 "어떻게 하면 위대한 사상가가 될 수 있느냐"고 물었다. 블레이크는 이렇게 답했다.

"많이 생각하십시오."

남자는 집으로 돌아와 내내 생각하고 또 생각했다. 1개월이 넘도록 방에서 나오지 않자 보다 못한 그의 부인이 블레이크에게 하소

연했다. 하는 수 없이 블레이크는 직접 남자를 만나러 왔다. 초췌한 몰골로 누워 생각에 잠겨 있던 남자가 침대에서 겨우 몸을 일으키며 말했다.

"더 이상 생각할 것이 없을 정도로 생각했습니다. 얼마나 더 생각해야 위대한 사상가가 될 수 있는 건가요?"

"제가 깜박하고 말씀드리지 않은 것이 있습니다. 행동하지 않는 사람의 생각은 쓰레기라는 겁니다. 마치 사다리 타기와 같습니다. 두 손을 주머니에 넣고만 있는 사람은 사다리를 타지 못하죠."

## 두려움을 이긴다면 절반은 해냈다

누구든 처음 시도하는 것, 도전하는 것에 두려움을 느낀다. 두려움은 대체로 그대로 두면 점점 커지고, 부정적 사고와 상황도 키운다. 지레 겁을 먹고 시작도 하기 전에 움츠러들어 아무것도 할 수 없게 한다.

어떤 일이든 시작했다면 그것만으로 칭찬받아 마땅하다. 시작이 반이다. 일본 전국시대의 명장 오다 노부나가織田信長도 전투 후 논공행상을 할 때 제일 먼저 창을 들고 적진을 향해 돌격한 병사에게 가장 큰 포상을 내렸다고 한다. 앞장서서 시도한다는 것 자체가 엄청난 용기가 필요한 일임을 알았고, 그것을 명확히 인정해준 셈이다. 그 결과 그의 부하들은 전투만 벌어지면 서로 앞다퉈 적진으로 돌격했고, 최종적으로는 용맹하고 무서운 군대로 끌어올렸다.

두려움은 스스로 부족해서 생기는 감정이 결코 아니다. 살아오면서 많은 것들에 도전해왔다고 자부하는 나도 걱정과 두려움에 몸서리친 나날들이 있다. 다행히 대부분은 극복했지만, 만약 내가 두려움에 주저앉아버렸다면 어땠을지 가끔 상상해보곤 한다. 두려움을 떨치기 위해서는 부담감을 줄이는 것이 무엇보다 중요하다. 그러려면 가볍게 시작하고 쉽게 생각하는 연습이 필요하다. 완벽함을 추구하느라 시작하지 못하는 사람이라면 '이왕 하려면 준비가 철저해야지'라는 강박관념에서 벗어나길 바란다. 일일이 다 신경 쓰면 아무것도 시작할 수 없기 때문이다. 이거야말로 최악의 시나리오 아닌가?

제아무리 완벽한 계획을 세워도 100퍼센트 만족스러운 결과물이 나올 가능성은 희박하다. 차라리 지금 당장 움직이고 차차 생각하는 것이 훨씬 낫다. 첫발을 내딛기만 하면 우리는 무엇이든 할 수 있다. 단계별로 아쉬움이 남더라도 최소한 시도라도 하면서 반전을 노려보는 것이 희망적이다. 얼마든지 개선해나갈 기회가 있다. 시도해봤다면 그것으로 절반은 해낸 것이라고 말하는 이유가 여기에 있다.

결국 해내는 사람의 6가지 원칙

## 깨어지고 부서질 용기

거절당하는 공포 역시 사람들을 행동하지 못하게 만드는 요인 중 하나다. 분명 기분이 상하는 일은 맞다. 그렇지만 생각의 각도를 살짝 틀어보자. '수없이 거절당하면서 상대를 설득하는 법을 배운다'로 봐보는 것이다.

2011년 3월, 충주에 있는 화장품 기업 에네스티의 마케팅을 담당했을 때의 일이다. 같은 지역 기업은행 지점에 무작정 전화를 걸었다. 그리고 "은행에서 화장품을 판매하게 해주세요"라고 요청했다. "장애아동 장학금 마련을 위해 '사랑의 양심 판매대'라는 무인 판매 이벤트를 기획했으니 지점 안에 판매 공간을 마련해달라"는 이야기였다. 이 말을 들은 지점장은 무척이나 황당해했다. 화장품을 은행에서 무인으로 판매하게 해달라니. 충분히 납득 가능한 반응이었다.

순간 정적이 흘렀다. 나는 지점장이 거절하기도 전에 기업은행이 얻게 될 이익에 대해 재빨리 말했다.

기업은행이 얻게 될 이익은 총 2가지입니다. 첫째, 지역사회에 공헌했다는 사실이 알려질 겁니다. 화장품 판매 수익금은 충주에 있는 성심학교 초등부 어린이를 위한 장학금으로 사용할 계획입니다. 영화 〈글러브)를 통해 널리 알려진 학교인 데다, 기부 소식까지 전해지면 기업은행 역시 착한 기업으로 금세 주목받게 될 겁니다. 둘째, 은행에서 화장품을 판매하는 것은 국내 최초이므로 뉴스로서 가치가 있습니다. 홍보 효과를 크게 누릴 수 있을 겁니다. 호기심에 방문하는 고객들도 생기겠죠.

묵묵히 듣고만 있던 지점장은 "좋은 위치에 판매대를 설치해주겠다"고 승낙했다. 다음 날 은행에 방문해 다시금 자세히 논의하던 중 지점장은 내게 "어떻게 그렇게 짧은 시간에 자신을 설득했느냐"며 비결을 물었다. 그의 물음에 나는 "이미 여러 번의 리허설을 거쳤기 때문"이라고 답했다.

실제로 전화를 걸기 전에 이미 다른 은행들에 숱하게 타진했고, 당연하게도 모두 퇴짜 맞았다. 대꾸도 없이 전화를 끊는 곳도 있었다. 썩 유쾌한 경험은 아니었지만 이를 배움 삼아 설득하는 법을 조금씩 익혀나갔다. 왜 거절했는지, 무엇이 걱정돼서 제안을 받아들이지 못하는지 곰곰이 고민해보고, 그에 대한 대책을 세웠다. 그러면서 내 제안에 논리가 갖춰지고 계획도 완벽해졌다. 상대방이 고민하는 지점을 미리 준비한 덕분에 기업은행과는 무사히 계약까지 성사시킬 수 있었던 것이다.

한두 번 거절당했다고 좌절하고 포기하지 마라. 그 이유가 무엇인지 파악하고, 다음에는 더욱 적극적으로 협상을 시도해보길 바란다. 이것은 누군가가 알려줄 수 있는 영역이 아니다. 스스로 몇 번씩이고 부딪쳐봐야 깨우칠 수 있다. 깨어지고 부서질 용기만 있다면 누구든 해낼 수 있다.

## 포기는 최후의 선택일 뿐

두 번째 사업인 결혼 정보 회사를 시작할 무렵 영업이 생각만큼 쉽지 않았다. 신생 회사였던 만큼 고객들에게 우리 브랜드를 알리면서 친숙한 이미지를 만드는 것이 급선무였다. 이를 위해서는 광고가 절실했는데, 주머니를 탈탈 털어봐도 원하는 효과를 낼 만큼의 넉넉한 자금이 없었다. 그렇다고 가만있으면 망하는 것밖에 되지 않았다. 어떻게든 세상의 관심을 받을 수 있는 기발한 방법이 필요했다. 이때의 경험으로 뼈저리게 배운 것이 '자금이 없으면 언론의 힘을 빌려야 한다는 것'이었다.

생존을 고민하는 절박함 속에서 언론을 활용한 마케팅 성공 경험이 횟수를 더해가며 나는 점차 마케팅 부문에서 이름이 나기 시작했다. 한국의 리처드 브랜슨Richard Branson 이라는 평가를 받기도 했다. 자연스러운 흐름으로 2001년에 세 번째 사업인 홍보 마케팅 회사를 차렸다.

첫 클라이언트는 프랑스 헤어 브랜드 르네휘테르<sup>Rene Furterer</sup> 한국 지사였다. 지금은 국내에서도 명품 헤어 브랜드로 익히 알려져 있지만, 2000년 초반까지만 해도 로레알만 이름나 있어 존재감 없는 무명 브랜드 취급을 받았었다. 한국에 지사를 설립한 지 1년이 넘도록 인천 외곽 변두리 미용실 몇 군데에 위탁으로 입점한 것이 실적의 전부였고, 연 매출 역시 수천만 원대에 불과했다. 그 무렵 사업을 접느냐 마느냐의 갈림길에서 지푸라기라도 잡는 심정으로 내게 홍보 마케팅을 의뢰한 것이었다.

컨설팅을 위해 사무실을 찾았는데, 직원들의 패배감이 실로 대단했다. 경쟁사의 막강한 영향력에 밀려 유명 미용실로부터 번번이 거절당하는 1년을 보내면서 '뭐든 안 될 거야'라는 생각이 지배적이었다. 효율적인 마케팅을 시도하기 위해서는 먼저 직원들의 사기를 끌어올려야 했다. 작은 성공을 맛보게 해서 긍정적인 경험을 쌓는 과정이 필요하겠다는 결론을 내렸다. 타이밍 좋게도 보름 뒤 프랑스 본사에서 헤어 케어리스트가 교육차 방한 예정이었다. 이 기회를 어떻게든 잘 활용해 브랜드 홍보를 위한 물꼬를 트는 동시에, 직원들의 무력감도 한 방에 날려버려야겠다고 다짐했다.

계획은 이랬다. 헤어 케어리스트 방한에 맞춰 유명 헤어 디자이너와 미용실 원장, 미용 기자들을 초청해 간담회를 진행하는 것이었다. 이 계획을 듣자 직원들은 입을 모아 "자신들도 다 해본 일"이라며 "그 사람들이 우리 브랜드를 위해 한자리에 모일 리가 없지 않겠느냐"고 고개를 내저었다. 여기서 포기하면 정말로 끝이라 생각했다. 나는 한 치의 망설임도 없이 강하게 주장했다.

"어차피 더 잃을 것도 없는데 뭐가 두려워 다들 망설이십니까. 일단 해보고, 안 되면 그때 포기합시다."

그들은 마지못해 "우리들이 도와줄 수는 없을 것 같으니 혼자서 해보라"며 반쯤 승낙을 했다. 그 즉시 나는 간담회 준비를 시작했다. 우선은 기자들부터 불렀다. 거물들이 모이는 행사라는 느낌을 주려면 프레스 초청이 필수다. 다만 기자들이 흥미를 느낄 만한 주제와 내용이 있어야 한다. 무턱대고 부르면 반감만 사기 쉽기 때문이다. 기자들에게 전화를 걸어 다음과 같이 말했다.

프랑스의 유명 헤어 케어리스트가 방한합니다. 유명 헤어디자이너들과 함께 한국과 프랑스 미용계의 최신 유행과 기술 등에 대해 편하게 이야기를 나눌 예정이고요. 프레스센터에서 열리는데 시간이 되시면 참석 부탁드립니다. 단, 취재 요청은 아니니 기사를 꼭 쓸 필요는 없습니다. 그저 마음 편히 와주십시오.

기자들 입장에서 '기사 부담도 적은 데다, 회사랑 가까운 프레스

센터에서 행사가 진행된다고 하니 부담 없이 들러도 되겠다'는 생각이 들도록 이렇게 말한 것이었다. 덕분에 몇몇 기자들로부터 긍정적인 회신을 받았다.

이제 다음은 유명 헤어디자이너에게 연락을 취했다. 기자들을 초청할 때와 비슷한 뉘앙스로, '특별히 당신을 모신다'와 '언론사와 경쟁 디자이너도 참석하기로 했다'는 말을 덧붙였다. 미용실 원장들에게도 이와 같은 방식으로 접근했다. 국내에서 내로라하는 유명 미용실 원장과 헤어 디자이너가 참석한다고 했더니, 이런 자리에 본인이 빠져서는 안 된다는 답을 들을 수 있었다. 그렇게 나는 한국을 대표하는 헤어 디자이너와 미용인, 미용인협회장, 언론 기자까지 한자리에 모두 모았다.

행사 당일, 내가 초청한 사람들 대부분이 자리에 참석했다. 본사 르네휘테르 대표와 직원들은 진귀한 풍경에 감탄하며 손님들과 차례차례 인사를 나눴다. 다행히 행사는 물 흐르듯 진행됐다. 사전에 직원들에게 '이 자리는 물건을 판매하는 것이 아니며, 르네휘테르가 어떤 회사인지를 이야기하면서 명품 브랜드의 이미지를 자연스럽게 각인시키기 위함으로 개최했음'을 여러 번 주지시켰다.

성공적으로 행사를 마친 다음 날, 거짓말처럼 바로 반응이 왔다. 판매량이 급속도로 늘었고 백화점 입점까지 곧바로 이어졌다. 가장 큰 성과는 뭐니 뭐니 해도 패배감에 무기력해진 직원들이 활기를 되찾았다는 점이다. 모두가 무모하다고, 또 거절당할 것이라 철저히 믿었던 내 계획이 성공을 불러오면서 그동안의 거절 공포가 얼마나 비합리적인 감정이었는지를 비로소 체득하게 된 것이다.

벼룩은 자기 몸의 400배인 150센티미터까지 뛰어오를 수 있다고 한다. 그러나 작은 병에 가두면 병의 높이밖에 뛰지 못한다. 병뚜껑에 몇 번 부딪치고 나면 스스로 안 되겠다는 생각에 더 높이 뛰어오를 수 있음에도 포기해버리는 것이다. 다시 밖으로 꺼내면 돌아올까? 안타깝게도 그렇지 않다. 실패에 익숙해진 나머지 그 높이에 이미 적응해버렸기 때문이다.

혹시 거절과 실패가 두려워서 더 높이 뛸 수 있는 능력이 있음에도 스스로 제약하고 있지는 않은가? 나처럼 멘토 역할을 자처하며 도움 주는 이가 생길지도 모른다. 하지만 그것은 행운의 영역이며, 당연한 것이 절대로 아니다. 한계를 깨는 일은 오로지 본인만이 할 수 있다. 공포를 이겨내야 더 높은 곳으로 도약할 수 있다.

- 2장 -

뻔뻔하고
당돌하게 요구하라

내가 운영하고 있는 유튜브 채널 〈815머니톡〉이 경제·재테크 채널로 굳건하게 자리잡을 수 있었던 비결은 무엇이라고 생각하는가? 대부분은 그 이유로 '훌륭한 출연진'을 꼽았다. 나도 그 의견에 동의한다.

　채널 설립 초기부터 출연진 섭외에 많은 공을 들였다. 실제로 존리 전 메리츠자산운용 대표, '한국의 닥터 둠'으로 유명한 김영익 교수, 윤종록 전 미래창조과학부 차관 등 경제 산업계의 굵직한 거물들을 등장시켰다. 한편으로 이런 의문이 들 수도 있겠다. '혹시 출연료를 많이 줬는지' 또는 '기본 인맥이 넓은 것 아닌지' 싶겠지만, 그렇지 않다. 나 또한 그들 대부분을 처음 뵙는 경우가 훨씬 많았다.

그들에게 진중한 메시지를 보내거나 직접 찾아가는 등의 부가적인 노력도 물론 있었지만, 결국 일을 성사시킨 핵심 동력은 '뻔뻔함과 당돌함'이었다. 내 존재를 알지도 못하는 그들에게 뻔뻔하고 당돌하게 출연 요청을 했다. 나라고 거절에 대한 공포가 없었을까. 단지 그보다는 〈815머니톡〉을 성공시켜야겠다는 열망이 더 컸을 뿐이다. 이 목표를 달성하려면 경제산업계의 거물들이 출연해야 한다고 믿었고 실행에 옮긴 것이 전부였다. 만약 '바쁘다고 거절하면 어쩌지?', '민폐가 되면 어쩌지?', '겨우 이따위 질문을 하려고 바쁜 시간을 내달라 했나?', '면박을 받으면 어떡하지?' 하며 주저했다면 결코 이루지 못했을 결과다.

강연을 마치고 나면 항상 명함을 달라는 사람들로 가득한데, 정작 연락을 주는 사람은 반의반도 안 된다. 직접 찾아와 도와달라고 말하는 사람은 또 그 반의반이 안 된다. 명함을 받을 때만 해도 의욕에 넘쳤다가 점차 시간이 지날수록 사그라드는 것이다. 또는 '내가 누군지도 모르는데 전화하면 과연 받아주기나 할까?' 지레짐작하며 망설이다 제풀에 꺾이고 마는 것이다.

사람이라면 누구나 도움을 요청하면 응당 들어주려는 습성을 가지고 있다. 나 역시 도움을 요청하는 사람이 있다면 가리지 않고 웬만하면 다 만난다. 누군가를 도울 수 있는 능력이 내게 있다는 것을

결국 해내는 사람의 6가지 원칙

증명하는 일처럼 느껴지고, 자부심도 생겨나는 일이기 때문이다. 남에게 도움을 기꺼이 줄 수 있는 위치에 있는 사람들은 대개 이런 마인드로 살아간다. 조력자가 될 준비를 이미 마쳤기에 어떤 도움이든 줄 자신이 있는 것이다. 그러므로 그들에게 손 내미는 것을 겁낼 필요가 전혀 없다. 만약 거절당한다고 하더라도 그것이 무슨 대수인가. 우리는 조금 뻔뻔해질 필요가 있다. 특히 능력 있는 사람에게 도움을 받고 싶다면 적극적으로 SOS를 해야 한다.

다만 도움을 요청할 때는 최대한 정중하게, 동시에 당당하게 하는 것이 좋다. 도움을 청했다고 빚진 사람처럼 낮게 굴면 상대는 부담스러워진다. '나를 도와주는 것이 당신에게도 좋은 일'임을 당당하게 어필하자. 가벼운 예로, "저는 앞으로 성공할 사람입니다. 도와주지 않더라도 홀로 일어서겠지만, 도움을 주신다면 더 빠르게 쟁취할 수 있을 것 같습니다"처럼 말해보는 것이다.

## 무모함으로 얻은 화끈한 결과

종종 지인들조차 혀를 내두를 만큼 무모하게 일을 벌이는 스타일인데, 특히 과거 사무실을 구하는 과정에서 그 기질이 빛을 발한 적이 있다.

1997년, 두 번째 사업 초기 때의 일이다. 당시 종로3가에 있는 3평짜리 사무실을 임대해 사용하고 있었다. 마침 한강에 '사랑의 유람선'을 띄우고 청춘남녀의 사랑을 응원하는 이벤트를 진행해 장안의 화제가 됐던 무렵이었다. 한창 우리 회사를 방문해 인터뷰하고 싶다는 언론 취재 요청이 줄을 이었고, 회사를 알릴 수 있는 절호의 기회였기에 흔쾌히 응했다. 그런데 생각해보니 1주일 후면 이곳에 언론사들이 찾아올 텐데, 차마 책상 2개 달랑 놓여 있는 작고 허름한 사무실을 보여줄 수는 없었다. 당장 1주일 안에 괜찮은 사무실을 구해야 한다는 미션이 발생한 것이다.

　　수중에 남은 돈은 100만 원 남짓이었다. 막막했다. 하지만 목표를 세웠으니 전진해야 했다. 우선 사무실이 밀집해 있는 강남으로 향했다. 교차로나 벼룩시장 등 무가지를 손에 쥐고 무작정 전화를 돌렸다. 내 조건은 '보증금 후지급'이었다. 입주부터 하고 보증금은 2개월 뒤에 주겠다고 말했다. 전화 100통을 돌리면 100번 모두 거절당할 정도로 결과는 처참했다. 사실 거절을 당해도 할 말이 없었기에 별로 낙심하지는 않았다. 할 수 있는 데까지 더 해보자는 생각뿐이었다. 그러다 한 건물주가 이 말도 안 되는 제안에 흥미를 보였다. 나는 이를 놓치지 않고 계속 말을 이어갔다.


제가 지금 당장은 보증금이 없습니다. 하지만 막 시작한 사업이 굉장히 잘되고 있습니다. 미래에 투자한다고 생각하시고 2개월만 기다려 주실 수 있겠습니까? 약속을 어기는 일은 결코 없을 겁니다.

이 말을 듣고 건물주는 조금 생각하는 듯하더니 이내 수락했다. 이 행운 덕분이었을까. 방송에 연이어 소개되며 일이 술술 잘 풀리기 시작했다. 약속대로 2개월 후 2,000만 원의 보증금을 보내줬다.

사무실에 얽힌 무모한 도전 일화가 하나 더 있다. 1999년 초, 사업 확장을 위해 100평 규모의 사무실을 구하고자 했다. 인테리어까지 완벽히 갖춘 사무실을 구하려고 보니 대략 5억 원 정도가 필요했다. 이 돈을 투자받기 위해 전화번호부에 나와 있는 수십 곳의 벤처캐피털 회사에 전화하고, 심지어는 직접 찾아가기도 했다. 결론적으로 모든 곳에서 거절했고, 포기할 수밖에 없는 상황이 됐다.

100평짜리 사무실이 너무나 필요했던 나머지 관점을 바꿔 다시 도전하기로 마음먹었다. 이제는 100평짜리 사무실을 갖고 있는 건물주들에게 투자해달라고 요청했다. 두 군데서는 정신 나간 놈 취급을 받으며 쫓겨났는데, 마지막 세 번째 건물주는 한참을 쳐다보다가 껄껄 웃으며 다음 날 다시 찾아오라고 했다. 떨리는 마음으로 다음 날 방문했더니 "내 인생에서 가장 무모한 결정을 하게 됐다"며 내 미래에 투자하겠다는 말과 함께 사무실을 덜컥 빌려줬다. 이 일로 조금 더 빠르게 회사를 키울 수 있었다.

## 사고를 쳐라, 생각보다 괜찮다

무엇 때문에 주저하는가? 무언가 크게 잘못될 것이 걱정돼서라면 단호하게 딱 잘라 말해주겠다. 괜찮다. 빚이 상상 이상을 초월하거나 범죄를 저지르거나 다른 사람을 괴롭히는 등의 일이 아니라면 대체로 상황이 극적으로 악화될 일은 매우 드물다. 예상보다 일이 커져서 '사고 쳤다' 싶은 순간이 생길 수는 있지만, 오히려 전화위복되는 경우가 태반이다. 나 역시 인생에서 가장 크게 친 사고가 있는데, 되레 내 명성을 높여주는 계기가 됐다. 1999년에 기획·진행했던 '누드 선언식'이 바로 그것이다.

시작은 가벼운 아이디어에 불과했다. 결혼 정보 서비스에 고객들은 대체로 만족했으나 딱 하나 '미스매치'에 대해서는 불만이 많았다. 한마디로 자신이 원하는 '고스펙' 상대를 소개해주지 않는다는 것이었다. 우리는 최대한 학벌, 직업, 재산, 외모 등이 비슷한 조건으로 맞춰 소개해주고 있다고 생각했는데, 당사자들은 그렇지 않았던 모양이다. 남녀 불문하고 자신보다 더 괜찮은 프로필의 사람을 원했고, 그런 상대를 소개받지 못하면 어김없이 불만을 토로했다. 자신보다 더 나은 조건의 상대를 만나고 싶다는 마음은 물론 이해한다. 그런 이유로 결혼 정보 회사의 문을 두드렸을 것이다. 다만 그 조건이 오로지 외적인 것에 집중돼 있다는 점에서 나는 의문을

결국 해내는 사람의 6가지 원칙

품었다.

인연이 될 사이라면 말이 통하는지, 코드가 맞는지도 중요할 텐데 왜
조건부터 따지고 들까. 외적인 조건도 중요하지만 성품이나 인간미 같
은 내적인 면은 왜 보지 않는 걸까.

겉으로 드러나는 모습이 전부가 아닌데 포장만 보고 사람을 평
가하는 세태가 어쩐지 불편했다. 생각 끝에 나는 내면을 보고 사람
을 평가하는 캠페인을 벌이기로 결심했다. 방법은 "인간 사회에 계
급과 신문이 생기기 시작한 것은 사람들이 옷을 입으면서부터다"
라는 한 사회학자의 말에서 착안했다. 즉, 사람들의 옷을 벗기기로
한 것이다.

이윽고 '누드 선언식' 개최를 발표했다. 아무것도 걸치지 않으면
선입견 없이 사람 그 자체를 보기 위해 노력하지 않을까 싶었다. 목
적과 진행 방향 등 구체적인 내용은 다음과 같다.

자발적 지원이며, 모든 참가자는 실오라기 하나 걸치지 않고 미팅에
참여한다. 외적인 조건과 외모에 몰두하는 현 세태를 비판하고, 사람
들이 옷을 걸치기 전의 세상, 계급과 신분이 없는 순수의 시대로 돌아
가 내면을 바라보고 평가하는 마음의 눈을 떠보자는 선언을 반드시 해

야 한다. 또 각 시민단체와 협력해 '순수성 회복'을 위한 10만 명 서명 운동으로 이어갈 예정이다.

진짜로 옷을 벗고 미팅을 진행할 계획은 아니었다. 자발적 참여자가 거의 없을 것이라 예상했기 때문이다. 단지 순수함을 회복하자는 강력한 메시지를 던지고 싶었다. 좋은 의도를 가지고 펼친 일이었지만 내 예상과는 아주 다르게 흘러갔다. 기자들이 하나같이 '누드 선언식'을 '알몸 미팅'이라는 자극적인 타이틀로 보도했고, 진정성은 사라지고 선정성만 부각된 이벤트가 돼버렸다.

기사가 나간 뒤 사무실로 항의 전화가 폭주했다. 업무가 마비될 지경이었다. 다짜고짜 욕을 하는 사람부터 "어디 그따위 저속한 기획으로 돈을 벌려고 하느냐"고 꾸짖는 사람까지 다양했다. 미팅 장소 대관을 약속했던 호텔 측도 갑자기 말을 바꿨다. 그 주 주말에는 호텔 경영진들이 경찰청에 불려갔다는 담당자의 이야기를 듣게 되었다. 즉, 공권력까지 개입된 것이다.

관할 경찰서에서 여러 차례 찾아오더니 급기야 임의 동행을 요구했고, 나중에는 서울시경과 국정원에서도 연락이 왔다. 행사를 포기하도록 "공연음란죄를 적용하겠다"며 전방위적으로 압력을 가했다. 논란이 생길 것을 염두에 두긴 했지만 이 정도일 줄은 몰랐다. 외모로 사람을 평가하는 우리 사회의 세태에 더욱 주목하게 될 것이라 기대했지만, 결과적으로 너무나 순진한 생각이었음을 깨달았다.

행사를 며칠 앞두고 결국 항복을 선언했다. 사회적으로 파장이 컸던 탓에 행사 취소를 결정하자마자 언론에서는 속보로 이 소식을 전했다. 한국 사회의 보수성을 가볍게 봤던 나 자신을 탓했고, 미숙한 진행으로 모두에게 손해를 끼쳤다는 생각에 괴로워했다. 그렇지만 이 사건이 내게 고통만 줬던 것은 아니다. 반전이 있었다.

당시 최고 가입자 수를 자랑하던 PC통신 천리안에서 "누드 선언식에 공연음란죄가 성립되느냐 아니냐"를 두고 찬반 투표가 시행됐다. 투표로 다시 이슈를 얻으면서 회사와 내 인지도는 그야말로 급상승했다. 1만 건 이상의 투표가 진행됐고, 결과는 6대 4로 내 취지에 공감해주는 사람들이 좀 더 많았다. 이 사실이 알려지면서 언론에서도 연락이 왔다. 나는 신문과 방송을 통해 '누드 선언식'의 기획 의도를 정확히 밝혔고, 또 많은 이들의 공감을 끌어냈다.

지속적으로 내 이름이 언론에 오르내리면서 덩달아 5억 원의 투자도 유치하게 됐다. '누드 선언식'에서의 참신한 기획력과 대담한 추진력 등을 인정하고 투자를 결정한 것이다. 심지어 나에게 압박을 가했던 경찰마저 "30대 초반에 이렇게 나라를 흔들 정도의 배포가 있다면 무조건 성공할 것이다"라며, 자신의 퇴직금을 내게 투자하고 싶다고까지 이야기했다. 감사한 말이었지만 거절했다. 그렇게 순식간에 나는 음란하고 부도덕한 사업가에서 유명 인사가 됐다. 비록 '누드 선언식' 행사는 열지 못했지만 이슈메이커로서의 명성을 단단히 각인시킨 것이다.

인생을 살다 보면 일순간 실패라고 생각했던 것들이 사실은 좋은 경험이었다는 것을 뒤늦게 깨닫는다. 뜻밖의 전환점을 마련해주는 경우도 부지기수다. 물론 지나가는 과정에서 일시적인 고통과 두려움이 따를 수는 있다. 하지만 이것들은 분명 자신을 더 큰 사람으로 만들어주는 훌륭한 자양분이 될 것이다. 원하는 것을 얻기 위해, 목적 달성을 위해 사고의 한계를 두지 말고 크게 생각해봐야 하는 이유가 여기에 있다. 고백하자면, 한때는 왜 그런 무모한 짓을 했을까 후회하기도 했었다. 그러나 지금은 내가 얼마나 열정적이고 성공을 위해 노력했는지를 증명해주는 기록이 됐다.

실패가 두려워 도전하고 실행하는 것을 망설여서는 안 된다. 원하는 것을 얻을 때까지 끊임없이 움직여야 한다. 지금 최선이라고 여기는 것들을 하도록 하자. 아무 일도 하지 않으면 제자리에서 한 걸음도 나아가지 못한다. 무엇이라도 해야 한 발짝 내디딜 수 있다.

- 3장 -

도전하는 자에게
실패란 없다

행동하지 못하는 데에는 여러 이유가 있겠지만, 대표적으로 '성공 경험 부족'이 크다. '천사 프로젝트'에서 컨설팅받는 경우를 예로 들어보겠다.

이런저런 아이디어를 건네주면 대다수가 좋다며 흥분을 감추지 못하고 박수까지 쳤다. 그런데 정작 자기 자리로 돌아가면 실행하지는 않는다. 왜일까? '이게 과연 될까?' 하고 의심해서 그렇다. 반신반의하며 주변 사람들에게 의견을 묻고, 부정적인 반응이 나오면 '역시 그렇지? 안 되겠지?' 하며 내 조언을 없었던 일로 뭉개버리는 것이다. 손해 볼 일은 없으니 일단 한번 해보라고 아무리 설득해도,

어쨌든 자기 나름의 고집으로 사업을 시작한 사람들이다 보니 쉽게 마음을 바꾸지 않는 경우가 많았다.

도전하고, 성공 경험을 쌓고, 자신감도 얻으려면 당연하게도 또다시 도전하는 수밖에는 없다. 컨설팅의 본래 취지도 직접 해결하기는 부담되고 어려우니 다른 사람의 조언을 그대로 따라 해보고 성공 경험을 쌓는 것이었다. 한 번 그물로 물고기를 잡는 법을 알려주면 이후로는 맨손 대신 그물을 알아서 쓰리라고 믿었다.

실제로 내 조언에 따라 그대로 실행에 옮겼던 사업가들은 대체로 좋은 결과를 냈다. 해보다가 어려움이 생기면 다시 조언을 구하고 자신에게 맞는 방향으로 점차 수정해나가면서, 마침내는 목표 근사치에 도달했다. 조언이 좋았던 것도 있겠지만, 더 중요한 것은 스스로 행동했다는 것이다. 아무것도 하지 않는 것보다 무엇이든 해보면 대개 긍정적인 결과를 얻는다. 아주 드물게 별다른 성과를 얻지 못하는 경우도 있지만, 그것 역시 도전했다는 경험치로서 몸 안에 쌓인다. 한 번 실패쯤은 아무것도 아니라는 것도 알게 되고, 다음 시도도 처음보다 훨씬 더 쉬워진다.

## 흡수하고 그대로 따르는 자세

2011년 겨울, 한 여성이 컨설팅이 필요하다며 나를 찾아왔다. 당시 숙명여자대학교 법학과 휴학생이자 공연기획제작사의 대표였던 이지현은 대학교 1학년 때 학교 연극연합동아리에 가입한 것을 계기로 배우로 활동하며 연극에 대한 꿈을 키워왔다고 말했다. 서울산업통상진흥원이 주관한 '청년 창업 1000 프로젝트'에 '비서울 거주민을 위한 문화공연 아이디어'가 당선돼 공연기획사 JH컴퍼니를 차렸는데, 은행 대출로 마련한 자본금 1,000만 원을 원작료와 각색료 등에 써버려 이미 자금이 바닥나기 시작했다. 이런 상황에서 첫 작품을 무사히 무대에 올려 매출을 올릴 수 있을지 걱정된다며 도움을 청했다.

컨설팅을 수락하며 그에게 내건 조건은 단 하나였다. '내가 시키는 대로 그대로 따를 것.' 그는 당연히 그러겠노라 약속했다. 우리는 곧장 그의 첫 연극 작품 〈삼봉이발소〉를 성공시키기 위한 작업에 착수했다.

홍보할 수 있는 비용이 넉넉지 않았기에, 이번에도 언론을 활용했다. 우선 그에게 50곳이 넘는 언론사의 연극 담당 기자들을 리스트업해보라고 조언했다. 오래 걸릴 줄 알았는데 약속한 날보다 이틀이나 일찍 리스트를 가지고 왔다. 인터넷에서 연극 관련 기사를 검색한 후 일일이 언론사에 전화를 걸어 이메일 주소와 연락처를 알아냈다고 했다. 처음에는 '과연 성공시킬 수 있을까?' 반신반의했던 나도 그의 추진력을 엿보고 '해볼 수 있겠다'는 확신이 들었다. 이후로 전폭적인 지원을 퍼부었다.

다음으로 해야 할 일은 보도자료 작성이었다. 수정할 곳이 많아서 몇 번이나 퇴짜를 놓았는데, 이때도 그는 굴하지 않고 지적받을 때마다 몇 시간 안에 수정해서 새로 보내왔다. 완성본을 배포해야 하는 순간이 왔을 때, 나는 기자에게 확인 전화를 돌리는 과정을 내 앞에서 훈련받아가며 할지, 아니면 개인적으로 할지를 물었다. 그의 대답은 놀라웠다.

"사무실에서 하겠습니다. 고쳐야 할 점이 보이면 바로바로 알려 주세요."

다음 날부터 정말로 내 앞에서 하루 종일 전화를 돌리기 시작했다. 중간중간 문제가 보이면 지적했지만 아무런 불평도 하지 않았다. 보통 같으면 부끄러워하고 자존심 상할 법도 한데, 너무나 대조적인 모습이었다. 군말 없이 따라준 그에게 고맙다고 인사했더니, 그는 되레 "배우려고 찾아왔는데 그대로 따르는 것이 당연하다"며 진심을 내보였다.

2012년 12월, 〈삼봉이발소 시즌 1〉은 성황리에 막을 내렸다. 이대로 끝내기는 아쉬워 그에게 "명동 길거리 한복판에서 '고맙습니다'라고 적힌 현수막을 들고 이벤트를 해보는 것이 어떻겠느냐"고 제안했다. 한겨울의 엄청난 추위에도 불구하고 그는 내 조언을 또 그대로 따랐다. 그와 극단 멤버들은 "22세 프로듀서 이지현의 데뷔작에 보내주신 성원에 감사드린다"라는 현수막을 들고 거리 이벤트를 벌였다. 그의 열정에 주목한 기자들이 "꿈에 한 발짝 더 다가갈 수 있게 해준 관객들과 세상에 고마움을 전하기 위해 거리로 나왔다"라는 기사를 퍼뜨렸다. 매력적인 스토리텔링이 더해지면서 여러 매체를 통해 소개됐고, 그다음 〈삼봉이발소 시즌 2〉에도 좋은 영향을 미쳤다.

## 모두에게 좋은 상황을 만들어라

2010년 말, 충주의 화장품 기업 에네스티가 내게 마케팅을 요청했다. 당시 에네스티는 전국에 있는 슈퍼마켓이나 마트 등에서 중저가 제품을 판매하는 지역 기업으로, 매출액은 100억 원 정도였다. 전국 유통망을 통해 판매되고는 있지만 브랜드 인지도가 현저히 낮은 것이 문제였다. 천연 성분을 원재료로 삼아 무척 순하고 제품 효능도 좋았지만 그것만으로는 부족했다. 분위기 반전을 꾀하는 동시에 브랜드 이미지를 중저가가 아닌 고급으로 한 단계 올릴 필요가 있었다. 그렇다면 특별한 이벤트를 진행해야 했다.

내가 세운 전략은 화가의 작품으로 화장품 용기를 디자인하는 것이었다. 서양화가 최영란 화백이 자신의 그림을 화장품 용기에 썼던 것을 기획의 모티브로 삼았다. 단, 세계적으로 유명한 화가의 작품은 사용료가 너무 비쌌고, 그런 기획은 대기업에서도 자주 하는 것이라 차별성이 별로 없다고 판단했다. 국내 화가들의 작품을 공모전 방식으로 채택하는 방향으로 아이디어를 한 단계 더 발전시켰다.

공모전을 통해 국내 화가들의 미술 작품을 모으는 겁니다. 그것을 화장품 용기 디자인에 활용하는 거죠. 소비자들은 일상생활에서 미술 작품을 접할 수 있어 좋고, 화가들은 자기 작품을 대중에 선보일 수 있으니 호응이 있을 겁니다. 회사 이름을 알리는 것은 물론, 문화예술 후원 기업이라는 이미지도 얻을 수 있습니다.

에네스티 대표는 내 제안을 마음에 들어 하면서도 공모전 비용과 낮은 브랜드 인지도를 이유로 쭈뼛했다. 그가 망설이는 부분들을 해결하면서 공모전의 신뢰도와 공정성을 확보하는 전략으로 나는 충주시청과의 공동 기획을 떠올렸다. 즉, 충주시 공무원 1,300명이 공모전의 최종 심사를 하는 것이다. 충주시청도 문화예술을 지원하는 이미지를 챙기면서, 지역 기업도 살리는 데 협력하는 셈이니 이 제안을 마다할 이유가 딱히 없다고 봤다. 또 높지 않은 공모전 상금은 작품이 당선된 화가에게 제품 판매에 대한 로열티를 2년간 지급하는 방안, 이듬해 열리는 '유니세프 자선기금 마련 최영란 전시회'에 작품을 출품할 수 있는 방식으로 보완하고자 했다.

그렇게 2011년 2월, 〈제1회 충주시·에네스티 미술 작품 공모전〉이 시작됐다. "작품이 화장품이 된다. 화장품이 작품이 된다"라는 슬로건 아래 문화예술 후원 기업 에네스티가 더욱 강조되도록 포스터를 제작했다. 민관과 함께 지역사회에 활기를 불어넣는 이벤트를 진행한다는 소식으로 방송국을 포함한 많은 언론사가 찾아왔고, 그 결과 전국 480점의 작품이 응모되는 등 행사는 성황리에 마무리됐다.

이 정도 규모의 공모전을 열고 화가들의 참여까지 끌어내려면 최소 1억 원이 필요하다. 하지만 나는 단돈 30만 원으로 그와 비슷한 성과를 냈다. 여담이지만, 때마침 2011년 3월에 MBC 예능 프로그램 〈나는 가수다〉가 흥행하고 있었는데, 온라인상에서 "〈나는 가수다〉 전에 '나는 화가다'가 있었다"라는 유머가 항간에 떠돌아 그 덕분으로 에네스티의 이름이 다시 한번 주목받기도 했다.

## 우리의 강력한 무기는 스토리다

어느 날, 20대 후반의 한 청년 사업가가 찾아왔다. 잘 다니던 유명 벤처기업을 그만두고 친구들과 함께 온라인 농산물 유통 회사 헬로네이처를 창업했다며 도와달라고 온 것이었다. 창업 멤버는 총 4명이었고, 모두 서울대학교와 카이스트 등 명문대 출신이었다. 이 중 1명은 글로벌 테크 기업 구글<sup>Google</sup> 입사가 확정된 상태였고, 다른 친구들도 얼마든지 대기업에 취업할 수 있는데도 창업에 도전했다는 사실이 나로서는 무척 흥미로웠다. 그것도 당시로는 낯설었던 농산물 유통 분야를 선택했다는 점에 감탄했다.

무엇을 도와주길 바라는지 질문하니, 1개월 후면 홈페이지가 완성되고 온라인 판매를 시작하는데 타이밍에 맞춰 회사 이름과 유통 시스템을 널리 알리고 싶다고 했다. 사업계획서를 살펴보니, 유명 요리 블로거들로 구성된 품질위원회를 통해 농산물 품질을 체크하겠다는 내용이 눈에 띄었다. 또 수확 전 판매 시스템, 즉, 주문받은 다음 농산물을 즉시 수확해 가장 신선한 상태로 공급하겠다는 점이 차별점 같았다. 하지만 이런 포인트로는 사람들의 눈길을 끌기에 역부족이었다.

내가 이들에게 처음 호감을 느낀 이유를 되짚어봤다. 명문대 출신에, 안정적인 대기업에 취업하지 않고 농산물 유통이라는 낯선 분야를 개척하려는 도전 정신이 매력적이었다. 바로 이거였다. 이 스토리야말로 누구나 관심 가질 법했다.

"당신들의 스토리를 활용합시다."

그들의 이야기를 차근차근 거슬러 올라갔다. 서울대학교 농경제학과를 나온 멤버가 처음 이 사업을 구상했다고 한다. 전공 지식을 바탕으로 "농산물은 산지에 따자마자 먹을 때 가장 맛있는데, 유통 과정을 거치면서 가격은 올라가고 신선도는 떨어진다는 점을 사업 아이템에 적용했다"라고 말했다.

그는 외국계 컨설팅 회사를 거쳐 유명 벤처기업에서 일하고 있던 친구와 함께 의기투합해 헬로네이처를 시작했다. 둘의 역할 분담은 명확했다. 농경제학을 전공한 친구는 농산물 유통을 담당했고, 벤처기업 출신의 친구는 대표직을 맡아 경영과 재무를 총괄했다. 이들은 서울대학교 재학생들이 사용하는 온라인 게시판 '스누라이프'에 스타트업 창업 소식과 "함께 일할 사람을 구한다"는 구인 글을 올렸다. 그렇게 4명의 멤버가 완성됐다.

나는 이 헬로네이처의 탄생 스토리에 당시 사회 분위기를 반영해 이야기를 더 풍성하게 만들었다. 2012년 초, 미국과의 FTA 발효로 안전한 먹거리에 대한 염려와 국내 농가의 생존 문제 등이 마침 이슈로 떠오르고 있었다. 농가와 소비자 모두에게 이익이 되는 새로운 유통 시스템을 구축하기 위해 명문대 청년들이 힘을 모았다는 내용을 덧붙여 언론의 주목을 자연스레 유도하고자 했다. 그렇게 홈페이지 오픈 날에 맞춰 보도자료를 배포할 계획을 세웠다.

홈페이지 오픈을 기다리고 있을 무렵, 사적으로 알고 지내던 유력 일간지의 기자와 이야기를 나눌 일이 있었다. 우연히 헬로네이처의 이야기를 하게 됐는데, 아니나 다를까 기자가 관심을 보였다. 이때다 싶어 말을 꺼냈다.

"실은 일주일 후에 배포하려고 준비해놓은 보도자료가 있습니다. 단독으로 기사화할 수 있도록 드릴 테니 비중 있게 다뤄주십시오."

검토해보겠다던 기자에게서 바로 연락이 왔다. 타이밍과 스토리 모두 좋다며 인터뷰를 하고 싶다고 요청해온 것이다. 이후 〈연봉 5,000만 원 받던 명문대생, 농가로 간 까닭〉이라는 제목으로 유력 일간지 경제면 톱기사로 보도됐을 뿐 아니라 포털 사이트에서도 메인으로 소개됐다. 헬로네이처는 단숨에 유명해졌다. 오픈 첫날부터 홈페이지가 마비될 정도로 사람들이 몰려들었고, 전화 문의도 쇄도했다. 거래하고 싶다는 농가부터 구매를 원하는 소비자, 훌륭한 젊은 사업가들을 돕고 싶다는 사람들로 문전성시를 이뤘다. 회사는 승승장구를 거듭하다 훗날 11번가 등 대기업에 인수됐다.

살아오면서 재미있었거나 슬펐거나 고생했던 경험은 누구에게나 있다. 다만 안타깝게도 그 스토리가 가진 힘을 깨닫지 못하거나 과소평가하는 경우가 대부분이다. 어쩌면 자신에게 이러한 스토리가 있는지조차 모르는 사람도 있을 것이다. 스토리는 힘이 세다. 특별한 스토리에 사람들은 열광하고 마음을 연다. 저마다 가진 스토리를 맘껏 펼쳐보여야 하는 이유다.

종종 내게 도움을 청하는 사람들에게 자기소개서를 써보라고 청한다. 마케팅에 활용할 만한 스토리를 발견하기 위해서다. 나를 둘러싼 매일의 사건들을 무심히 흘려보내지 말고 재미난 스토리로 건져 올려라. 성공으로 가는 가장 강력한 무기를 얻게 될 것이다.

# "자신의 온몸을 던져
괴짜가 돼야 한다"

리처드 브랜슨 버진그룹 회장

2003년부터 약 7년간 세계를 방랑했던 적이 있다. 잊을 수 없는 추억이 많지만, 그중에서도 2004년 영국에서의 일이 특히 기억에 남는다.

당시 휴대전화를 개설하기 위해 런던의 매장을 찾았고, 거기서 버진 Virgin 이라는 통신 회사 브랜드를 알게 됐다. 그날 이후부터 런던 거리 곳곳에서 나오는 버진의 광고에 자꾸만 눈길이 갔다. 어느 곳에서도 볼 수 없었던 특이한 광고였기 때문이다. 이런 광고를 하는 곳이라면 뭔가 남다른 구석이 있을 것 같다는 생각이 들었다. 어떤 곳인지 알고 싶어 외국인 친구에게 물으니 "리처드 브랜슨이라는 괴짜 CEO가 이끄는 기업 집단"이라는 답변이 돌아왔다.

····

브랜슨 회장은 1967년 작은 레코드 가게 버진레코드<sup>Virgin</sup> Record를 시작으로 여행, 통신, 철도, 미디어, 금융 등 30여 개국에 250여 개의 계열사를 거느린 굴지의 기업으로 성장시킨 인물이다. 난독증으로 인해 학창 시절 열등생이었으며, 고등학교 중퇴 후 정규 교육을 받은 적이 없어 아직도 재무제표를 볼 줄 모른다고 했다. 그에게 왠지 모를 특별함을 느낀 나는 서점으로 곧장 달려갔다. 그와 관련된 도서를 읽고 브랜슨 회장의 매력에 흠뻑 빠지게 됐다.

그렇다면 브랜슨 회장은 왜 괴짜 CEO로 불릴까? 그의 행보를 조금만 쫓아도 금방 이해할 수 있을 것이다. 먼저 회사 홍보를 위해 직접 열기구를 타고 대서양을 건너려다 제트 기류에 휘말려 죽을 고비를 넘겼다. 버진콜라<sup>Virgin Cola</sup>를 알리기 위해 뉴욕 한복판에 탱크를 타고 콜라를 쏘아 대기도 했다. "버진모바일 서비스는 말 그대로 감출 것이 없다"며 중요 부위만 휴대폰 모형으로 가린 자신의 누드를 광고판에 내걸기도 했다. 그야말로 파격 그 자체였다. 글로벌 기업 회장으로서의 격식이나 체면을 따지기보다 자신을 마케팅 수단으로 사용하면서 '즐거운 경험을 제공하는 회사'라는 버진의 브랜드아이덴티티를 구축한 것이다.

여담으로, 최근 한 번 더 그의 이름이 언론에 올랐다. 2021년 7

월 11일, 자신의 우주 관광 회사인 버진갤럭틱Virgin Galactic 에서 운영 중인 관광용 우주선 유니티 호를 승무원 5명과 함께 탑승하고 14분간 우주 비행에 성공했다. '세계 최초 상업용 우주 비행에 성공한 민간인'이라는 기록을 남기게 된 것이다. 세계 최고 부자인 제프 베이조스Jeff Bezos 보다 9일 빠른 시간이었다.

이처럼 그의 마케팅은 단순 자본의 힘이 아니라 상상력과 창의력을 바탕으로 엉뚱하고 기발한 기획을 선보였고, 언제나 큰 이슈를 몰고 왔다. '창조경영의 아이콘'으로 불리는 브랜슨 회장에게서 나와 비슷한 점들을 찾으며 한때 무척이나 흥분했던 기억이 난다. 무엇보다 브랜슨 회장의 발자취와 "기업가 정신은 자본이 아니라 아이디어", "자신의 온몸을 던져 회사를 홍보할 각오가 되어 있어야 한다" 등의 말에 깊은 인상을 받았다. 나 역시 한국의 '리처드 브랜슨'이 되겠다는 꿈을 꿨다.

· · ·

방랑 생활을 마치고 한국으로 돌아와 2010년 4월부터 새로운 도약을 노렸다. 어려운 사업가들을 무료로 도와주는 '천사 프로젝트'를 시작했다. 당시 내가 가진 훌륭한 마케팅 역량으로 남을 도와주다 보면 어느 순간 성공의 문이 열리는 일을 찾을 수 있을 것이라 믿었다.

그 후 2013년, 실제로 그 일을 발견했다. 바로 '815'라는 공동 브랜드로 힘이 약한 작은 기업들이 힘을 합쳐 함께 성장하는 플랜을 기획한 것이다. '천사 프로젝트'를 진행하며 성공 의지와 능력은 있지만 작은 사업가들이 공통적으로 겪는 한계인 자금난을 극복하기 위해 떠올린 구상이었다. 그렇게 나는 815그룹을 만들었고, 초기에는 13개의 작은 기업들로 구성했다.

이 815그룹의 존재를 세상에 알리고 우리 비전을 지지해주는 투자자를 찾기 위해 갖가지 노력을 했다. 그 방법 중 하나로 리처드 브랜슨 회장에게 공개 초청장을 보내기도 했다. SNS 등을 통해 미국과 영국 현지인들에게 광고했고, 누군가 이 사실을 브랜슨 회장에게 전달해주기를 바랐다.

2015년 11월에 발송한 이 초청장에는 제2의 버진그룹으로 성장할 815그룹을 소개하고 경영진들을 초대하는 의도를 담았다. 최대한 정중하게 "당신이 몇십 년간 이룩한 비스니스 성과를 한국에서는 10년 만에 재현할 수 있을 겁니다. 그 꿈을 함께 이뤄가시면 어떻겠습니까? 당신을 우리의 CEO로 모십니다. 중국이라는 미지의 시장을 함께 공략합시다"며 빼곡하게 써내려갔다. 향후 5년 안에 한국과 중국, 인도, 베트남, 일본에서 50여 개의 815브랜드 기업을 만들고 아시아의 버진으로 성장시키겠다는 비전을 제시하는 동시에, "이런 큰 목표를 가진 우리와 지금부터 함께할 기회를 드리겠다"라는 다소 당돌한 제안을 했다.

답장 올 것이라는 기대는 거의 없었지만 가능성이 전혀 없는 것은 아니라고 판단했다. 자신의 행보와 비슷하게 독특한 도전을 일삼는 우리를 보고 동질감과 호기심이 생기지 않을까 하는 작은 확신 때문이었다. 우선 실행에 옮겼다. 나중에는 영국 〈가디언지The Guardian〉에 광고를 내서 현지 언론의 관심을 불러볼까 하는 궁리까지 했다. 만일 브랜슨 회장이 본다면 분명 어떤 식으로든 응답할 것이라, 그래서 먼저 뉴스거리를 만들어줄 것이라 생각했다. 궁극적으로는 815그룹이 무엇이고, 어떤 비전을 갖고 있는 곳인지 세상의 주목을 받게 되고, 우리 열정을 인정해주는 투자자를 만날 수 있을 것이라 믿어 의심치 않았다.

아쉽게도 브랜슨 회장에게 답이 오는 등의 행운은 따르지 않았다. 그러나 이 시도가 실패라고는 생각하지 않는다. 적어도 내 시도에 대해 국내 언론 몇 곳이 주목했고, 인터뷰 기사도 보도됐다. 남들과는 다른 비범함을 가진 사람이라는 인식을 심게 해줬다. 최소한 아무것도 하지 않는 것보다는 행동한 만큼 성공에 도움이 된다는 경험을 갖게 해줬다.

때로는 '될 것 같은' 가능성이 높은 계획만 세우지 말고 달성이 어려운 목표를 설정하고 어떻게든 이루기 위해 온 힘을 다해보는 것도 필요하다. 거친 폭풍우 속에서 훌륭한 뱃사공이 탄생한다는 말처럼, 어려운 과제에 도전하는 경험은 자신의 실력을 더 쌓게 해줄 것이다. 결과를 예상하고 가능성만 따진다면 무엇도 얻을 수 없음을 항상 기억해야 한다.

# 리더

✳

## : 아우르는 능력을 키워라

- 1장 -

# 기본을
# 지키고 있는가

이번 장에서는 성공하기 위한 가장 중요한 전제 조건에 관해 이 야기하고자 한다. 바로 '전체를 아우를 수 있는 능력'이다. 그러려면 자신의 분야에서만큼은 스스로 최고가 돼야 한다. 당연하게도 '기 본'을 갖춰야 한다. 고졸 출신의 화장품 사장님도 본인이 운영하는 회사가 수입하는 상품에 대해서만큼은 해외 석박사를 뛰어넘는 지 식을 갖추고 있으며, 십수 년간 집에서 살림만 했던 전업주부 사장 님도 자사 제품과 관련된 해외 논문 정도는 손쉽게 읽어내려갔다. 이것이 바로 성공하는 사람들의 세계다.

　부끄럽지만, 승승장구하는 동안 기본을 놓쳤던 나의 실패담을 솔직하게 고백해보려 한다. 사업과 성공을 꿈꾸는 사람들이 타산지석으로 삼는다면 좋겠다.

## 실패의 원인은 무엇인가

　4번의 사업 중 2번은 실패로 돌아갔다. 실패의 원인은 모두 미숙한 자금 관리, 정확하게는 리스크 관리였다. 첫 번째 에스테틱 사업은 지인에게 사업 자금을 빌려줬다가 제대로 시작도 못 한 채 접어야만 했다. 코스닥 상장 직전까지 갔던 두 번째 사업 역시 자금 운용 측면에서 발생할 수 있는 리스크 관리를 등한시한 것이 패인이었다. 돌이켜보면 곳곳에서 경고음이 울렸지만 모른 척하기 바빴다. 아무리 좋은 사업 계획도 재무 구조가 탄탄하지 않으면 성공까지 갈 수 없다는 사실을 이때 절실히 깨달았다.

　당시 내가 회사의 자금 사정을 크게 관심 가지지 않았던 이유는 단 하나였다. 전성기라고 할 정도로 사업이 탄탄대로를 걷고 있었기 때문이다. '누드 선언식'의 이슈로 여러 방송사의 주요 프로그램에 잇따라 출연하면서 '도전적인 30대 기업가'로 이름을 알렸고, 강의 요청도 끊이지 않았다. 여러 곳에서 내게 투자하고 싶어 했고, 이때만큼 회사 금고가 든든한 적도 없었다. 이때를 기회 삼아 온라인 시장을 선점하겠다는 계획을 세웠다. 1999년, 전국에 PC방이 기하급수적으로 늘고 집마다 초고속 인터넷이 깔리기 시작하면서 온라인 콘텐츠와 서비스가 붐을 이뤘다. 온라인 세상이 도래할 것이라는 전망 아래 나는 컴퓨터 프로그램을 통해 남녀를 연결시키는 아이디어를 떠올렸다. 이른바 '온라인 매칭 프로그램'이었다.

가장 먼저 인력부터 충원하기 시작했다. 삼고초려 끝에 유능한 월간지 편집자를 온라인 기획자로 영입했고, 그의 인맥을 통해 뛰어난 프로그래머도 구했다. 수개월 밤샘 끝에 '오케이러브'라는 사이트를 구축했다. 자신만의 아바타를 만들어 온라인상에서 새로운 사람을 만나고 사랑을 키워가는 사이트였다. 단순 채팅 사이트로 시작했지만 점차 온라인 게임으로도 발전시키고자 했다. 요즘 말로 하면 일종의 '연애 메타버스'를 구상한 것이다. 참으로 원대한 꿈이었다.

오프라인 사업 확장에도 박차를 가했다. 영화배우 유지태를 시작으로 유명 인사들의 사랑 이야기를 웹진과 사보 등에 실으며 이름값을 꾸준히 높여갔다. 단기간에 수만 명의 가입자를 확보할 정도로 호응이 뜨거웠다. 하물며 '오케이러브'가 중소기업청 기술평가를 통과해 결혼 정보 회사 최초로 벤처기업에 등록됐다. 500만 원의 자본금으로 시작했던 1인 기업이 4년 만인 2000년에 코스닥 상장을 준비하는 기업으로 훌쩍 성장한 것이다. 말 그대로 승승장

구였다.

한편 업계 사정은 점점 나빠지고 있었다. 당시 결혼 정보 회사의 1년 가입비는 50만 원이었는데, 계약자가 중간 해지를 해도 환불받을 수 있는 규정이 없었다. 소비자의 원성이 커지자 공정거래위원회가 시정 조치를 내렸고, 업계는 급작스레 생긴 환불 규정으로 인해 경영에 타격을 입기 시작했다. 이런 상황에서 나는 기회를 엿봤다. 경쟁사는 움츠러드는데 우리는 잘나가니 이때를 노려 업계 1위를 차지하면 되겠다는 욕심을 냈다. 그동안 추진하고 싶었던 몇 가지 아이템도 동시에 진행했다.

각 기업과 지자체와 협력해 결혼 정보 서비스를 고액의 가입비 대신 실비나 무료로 이용할 수 있는 '사회 공익사업'으로 전환하고자 했다. 이른바 '박리다매' 전략이었는데, 대기업과 공공기관이 보유하고 있는 미혼 남녀의 정보와 네트워크를 공유한다면 가능성이 있어 보였다. 사람들은 금전 부담 없이 서비스를 이용하고, 우리는 고객 확보를 위해 들여야 하는 마케팅 비용을 줄일 수 있겠다는 계산이 들었다. 다만 가입비가 없으면 전체적인 매출은 크게 줄 수밖에 없다. 그래서 다른 것으로 매출을 올릴 계획을 세웠고, 웨딩 전문 온라인 백화점인 'Maystory.com', 즉 '5월 이야기'를 설립했다.

'5월 이야기'는 지금의 '지마켓'이나 '11번가' 같은 온라인 오픈마켓과 같다고 보면 된다. 혼수부터 예식장, 웨딩 촬영, 예물, 예복,

화장, 신혼여행, 신혼집 인테리어에 이르기까지 결혼 업체들이 상당수 입점해 소비자들이 한곳에서 복잡한 웨딩 시스템을 모두 정리할 수 있도록 하는 것이 컨셉이었다. 온라인으로 완전히 전환하는 것은 아직 이른 단계였기에 전국 50여 곳의 결혼 정보 대리점을 구축하고, 주부들을 일명 '사이버 웨딩플래너'를 양산하는 아카데미까지 염두에 뒀다. 관련 예상 매출은 수조 원에 달했다.

실행만 하면 완벽한 계획처럼 보였다. 대한민국 웨딩 산업을 혁신적으로 변화시키는 동시에 '웨딩 플래너'라는 새로운 일자리를 창출하고 매출 규모도 대형 백화점 이상으로 키울 수 있는 획기적인 아이템 같았다. 나는 필요한 자금을 마련하기 위해 코스닥 상장을 서둘러 준비했다. 또 전국 대리점망 구축을 위해 당시 유명 배우를 홍보 모델로 영입해 대대적인 광고를 진행했다.

'재벌 3세일 것이다'라는 소문이 돌 만큼 나는 공격적인 마케팅을 펼쳤다. 웹 시스템과 대리점 확보를 위한 광고 마케팅 비용으로 수십억 원을 집행하고자 결정하니 회계팀에서 제동을 걸었다. 다음 달부터 적자가 크게 날 것이고, 5개월 뒤에는 자금이 바닥날 것이라고 경고했다. 그러나 이 경고는 내 귓가로 들어오지 않았다. 미래를 위해 사업을 확장할 때이며, 분명 큰 성공으로 돌아올 것이라 강력하게 믿었다. 만약 금고가 비더라도 곧 다른 투자자들에게서 자금이 들어올 것이라 낙관했다. 실제로 투자 의향을 보이던 벤처캐피털이 이미 여러 곳 있었다. 그저 성과를 내고 더 좋은 조건으로 투자받으면 된다며 느긋한 마음으로 있었다.

정말로 안일했다. 회계팀의 경고처럼 5개월 후부터 자금난에 시달리기 시작했다. 프로그램 개발이 지연되면서 더 많은 자금이 필요해졌고, 대리점 50개 오픈을 목표로 광고비를 썼는데 결과는 10개 오픈에 그쳤다. 결정적으로 당시 금융 게이트 사건이 버티며 모든 벤처캐피털의 투자가 중지됐다. 회사 사정은 순식간에 악화돼 부도 상황에 직면하게 됐다. 이를 해결하기 위해 뒤늦게 인터넷 사업을 대폭 축소하고 직원을 내보내는 등의 노력을 가했지만 소용없는 처방이었다. 내 지분을 팔아서라도 회사를 살리고 싶었다. 투자자가 있다면 어디로든 달려갔다. 셀 수 없는 거절 끝에 지인의 소개로 한 사업가를 만나 신규 투자를 조건으로 개인 지분을 무상 양도했다.

불과 몇 개월 전까지만 해도 지분 평가액이 300억 원이 될 것이냐, 500억 원이 될 것이냐로 이야기 나눴던 회사가 하루아침에 사라져버렸다. 나는 회사도 잃고 빈털터리 신세가 됐다. 회사를 제 발로 걸어나온 2000년 겨울밤, 술에 잔뜩 취한 채 회사 건물을 바라봤다. 몇 시간이나 눈물을 흘렸던 그날이 아직도 생생하다. 잠도 줄인 채 앞만 보고 내달렸던 지난 4년이 허망하게 느껴졌다.

실패는 전적으로 내 탓이었다. 하나에만 전력 집중해도 어려운 대형 기획을 동시다발적으로 진행했고, 심지어 문제마저 깨닫지 못했다. 온라인 프로그램 개발이든, 인터넷 쇼핑몰 사업이든 하나를 성공시키는 데도 엄청난 돈과 시간이 필요한데 나는 그저 다 잘될 거라며 과신했다. 상황을 지나치게 낙관했고, 동시에 겸손하지도 못했다. 하루라도 빨리 보란 듯이 성공하고 싶었던 조급증이 실패를 불러일으켰다는 생각에 깊이 자책했다. 무엇보다 자금에 경고등이 켜진 순간에도 리스크 관리를 게을리했다. 그동안의 성공 경험이 나 자신을 막연한 낙관주의자로 만들었다. 원하는 결과가 나오지 않았을 때의 대책, 즉 플랜 B의 필요성을 느끼지 못했다.

## 리스크 관리는 철저해야 한다

여기 또 비슷한 사례가 하나 더 있다. 2016년, 815그룹의 지주사인 815커뮤니케이션을 2년 가까이 경영하던 중 도약을 위한 돌파구가 필요한 시점이 됐다. 그때 생각한 것이 '자체 화장품 개발'이었다. 그룹 계열사 중 화장품 유통에 강한 곳이 있었는데 대표 상품이 없다는 것이 내심 아쉬웠기 때문이다.

사실 화장품 사업은 중소기업이 성공하기 무척 힘든 분야다. 아무리 제품이 뛰어나도 브랜드와 마케팅이 약하면 소비자들의 선택

을 받지 못하기 때문이다. 더군다나 화장품 브랜드를 알리는 비용
도 만만치 않다.

최소한의 비용으로 신규 화장품 브랜드를 성공시킬 수 있는 방
안을 골몰했다. 아이디어로 승부를 보는 수밖에 없었기에, '신소재
를 활용한 기능성 화장품 개발'로 일단 계획을 굳혔다. 남들이 사
용한 적 없는, 최초의 소재가 무엇이 있을지 생각했고, 다음 해인
2017년이 정유년으로 닭의 해라는 사실을 떠올렸다. 이거다 싶었
다. '닭발'을 이용해보는 것이다.

> 콜라겐이 풍부해 관절염이나 탄력이 좋은 것으로 알려져 있는데, 왜
> 진작 닭발로 주름 개선 화장품을 만들지 않았지? 우리가 한번 해보면
> 어떨까? 소재도 독특한 데다 효과까지 뛰어나면 저절로 입소문 타지
> 않을까?

곧바로 개발에 도입했다. 생각보다 쉽지 않은 길이었다. '닭발 콜
라겐'이라는 원료를 누구나 낯설어할 것으로 예상했다. 그래서 협
업 업체를 대기업 화장품 회사로 삼았으나 초도 계약 물량이 적어
성사가 어려웠다. 유서 깊은 화장품 대기업인 한불화장품의 공장장
에게 삼고초려로 설득했고, 끝내 제품 개발을 해주겠다는 승낙을
받아냈다.

결국 해내는 사람의 6가지 원칙

그다음으로는 연구원들이었다. 기본적으로 동물성 콜라겐은 악취를 해결하기가 어려워 화장품 기업에서 잘 사용하지 않는 소재라며 난색을 보였다. 이 말이 오히려 내 승부욕을 자극했다. "다루기 어려워서 많은 기업에서 포기했다면, 우리가 기술력으로 악취 문제를 해결만 해도 이 제품은 크게 성공하지 않겠느냐"고 말했다. 이후 여러 차례 실험하고 실패도 하다가 일본 기업의 재료까지 참고해 겨우 개발에 성공했다. 세계 최초로 닭발에서 추출한 '하이드롤라이즈 콜라겐'을 활용한 '닭발 콜라겐 리프팅크림'을 만들어낸 것이다. 거기에 특허받은 원료인 눈연꽃추출물과 능소화꽃추출물 등을 추가로 함유해 식약처로부터 주름과 미백 개선 효과를 인정받았다. 마침내 프랑스어로 황금 닭을 뜻하는 르꼬끄도르 Le Coq d'Or 라는 브랜드로 출시될 수 있었다.

한국에서 제일 큰 규모의 아나운서 아카데미 봄온과 산학 협력을 체결하고, 소속 아나운서 4,000여 명에게 제품을 무료로 배포하는 이벤트를 진행했다. 아나운서들이 선택한 크림이라는 고급스러운 이미지와 별칭을 만들기 위해서였다. 실제로 '르꼬끄도르 콜라겐 리프팅크림'은 두꺼운 메이크업과 장시간 조명 노출로 인한 수분 부족과 주름 개선이 필요한 아나운서들에게 입소문이 나며 인기를 끌었다. 더 나아가 국내뿐 아니라 영국, 일본, 중국의 아나운서 아카데미들과도 협력하고자 했다. '글로벌 아나운서들이 선택한 브

랜드'라는 이미지와 스토리텔링을 만들고, 제품 몇 가지를 추가로
더 만들어 홈쇼핑 채널을 통한 대량 판매를 추진하고자 했다.

다소 생소한 원료를 사용해 적은 비용으로 르끄77도르 브랜드에
엉뚱함과 혁신, 도전적인 브랜드라는 스토리텔링을 입히고, 첨단
바이오부터 다양한 원료를 사용하는 제품들을 선보이며 성장하는
것이 내 목표였다. 화장품 브랜드 대부분이 아름다움만을 내세우고
이처럼 엉뚱하고 도전적인 모험을 하지는 않기에 우리 존재는 그것
만으로 충분히 소비자들의 시선을 끌고 기억에 강렬히 남을 것으로
기대했다. 하지만 이 야심 찬 계획은 예상치 못한 암초를 만나 물거
품이 됐다. 바로 자금 문제였다.

닭발 크림은 2017년 닭의 해, 정유년의 분위기를 타고 주목도를
끌어올린 제품이었다. 연초인 3월에 출시해 11월에는 아나운서 아
카데미와 협업을 맺으며 초도 물량이 다 팔리는 등 세간의 호기심
을 불러일으키는 데는 확실히 성공했지만, 다음 단계로 끌어갈 동
력을 찾지는 못했다. 더 파도를 치게 해야 했는데 자금에 대한 대안
을 준비해두지 않았던 탓에 '반짝 성공'에 그쳤다.

원래 내 자금 계획은 이랬다. 화장품을 개발하고 론칭하는 초기
단계에 필요한 자금은 엔젤투자를 통해 진행하고, 본격적으로 마케
팅을 해야 하는 시점에는 정부 매칭펀드 자금을 활용하자는 것이었
다. 엔젤투자는 원활히 진행돼 화장품 개발과 론칭까지 무사히 진

행할 수 있었다. 그러나 본격적인 마케팅이 필요한 시점이 왔을 때 정작 매칭펀드를 통한 자금 마련이 무산돼버려 계획마저 무너졌다.

이전에 정부 기관 등에서 진행하는 스타트업 기업 투자 심사위원으로 여러 번 참여했었다. 과거 경험을 살려 만반의 준비를 한 데다 내 사업 경력과 성공 경험까지 추가하면 더 좋은 평가를 받을 것으로 생각했는데, 정부 매칭펀드 3차 심사에서 탈락하고 만 것이다. 1~2차만 통과하면 3차는 거의 통과되는 것으로 알고 있었기에 설마 떨어질 거라고는 생각지도 못했다. 당연히 탈락할 때를 대비한 플랜 B도 없었다. 물론 빚을 내는 방법도 있었겠지만, 애당초 르꼬꾸도르 프로젝트는 다른 계열사들의 어려운 사정으로 인해 돌파구를 찾고자 시작한 일이었기에 여기서 빚까지 지는 것은 그룹 전체를 위한 해결책이 될 수 없었다.

어떤 상황에서든 늘 자신이 통제할 수 있어야 한다. 내가 아닌 다른 무엇에 의해 성패가 결정되는 상황은 될 수 있으면 피하는 것이 좋다. 그런데 나는 무려 이 중요한 사실을 간과하고 일을 진행했고, 거기서 문제가 생겼다. 정부의 결정에 따라 자금을 지원받을 수 있을지 말지 결정되는 상황을 만들어 결국은 나를 최악으로 내몰았다. 세상에 존재하지 않는 문장은 "당연히 돌려받아야 할 내 돈"이라는 말이다. 꿔준 돈도 그러한데 '약속한 투자금'이 제때 시간 맞춰 들어올 것이라 철석같이 믿고, 그 자금에 맞춰 회사 운영 계획을 짜서는 안 됐다. 99퍼센트 확신이 있더라도 1퍼센트의 위험을 생각했어야 했다. 다시 말해 매칭펀딩을 받기가 가장 쉽고 확실한 방법이라고 자만하지 말고, 혹시 모를 탈락할 때를 대비해 다른 곳에서도 투자 기회를 계속 만들어나갔어야 했다.

자금 관리는 사업에서 가장 중요하다. 몇 번이고 강조해도 부족하지 않다. 돈 문제와 관련해서는 철저히 보수적인 태도를 갖는 것이 옳다. 사업이든 투자든 계획대로 되지 않을 수 있다. 그렇기에 자신이 감당할 수 있는 한계는 어느 정도인지를 알아야 하며, 한계가 가까워지면 어떻게 대처할지에 대한 플랜 B도 마련해놔야 한다. 작든 크든 경고등이 켜지면 무시하지 말고 위험의 실체를 파악하고 리스크 관리에 철저히 신경 써야 한다.


## 시야를 넓히면 기회가 보인다


성장이 멈췄다면 돌파구를 찾아야 한다. 그것이 리더의 역할이다. 직원들이 각자 자리에서 열심히 노력하는 동안 리더는 시야를 넓혀 다양한 성공 기회를 찾아야 한다. 이때 혼자만의 생각에 매몰되기보다 주변에 도움을 청하는 것도 괜찮은 방법이다. 젤리코스터와 슈젠코리아의 사례를 통해 자세히 설명하겠다.

결국 해내는 사람의 6가지 원칙

근거리무선통신NFC 과 사물인터넷IoT 전문기업인 '젤리코스터'는 당시 중소기업청에서 주목할 정도로 잘나가는 유명 스타트업 기업이었다. 초기에는 톡톡 튀는 아이디어를 담은 페이스북 홍보 앱을 제작해주는 사업을 했고, 이후 만남을 기록하는 SNS 앱을 출시해 20만 다운로드 기록을 달성시켰다. 아마존에서 상을 받고 포스코 벤처에서 투자받는 등 점차 가능성을 입증해나갔다.

하지만 대기업이 본격적으로 SNS 시장에 진출하면서 젤리코스터가 크게 위축되기 시작했다. 대기업의 자본력과 경쟁하지 않고 살아남을 수 있는 다른 사업을 모색했고, 그때 택한 것이 바로 NFC였다. 그 무렵 스마트폰 보급률이 높아지고 있었기에 NFC 도입 적기라고 판단한 것이다. 이때 젤리코스터 대표를 처음 만났다. 중소기업청 컨퍼런스 특강 연사에서 만난 그는 내게 새로 추진하는 NFC 사업과 당면한 어려운 문제들에 관해 이야기하며 컨설팅을 요청했다.

당초 젤리코스터는 기업들이 모이는 박람회장에서 NFC를 판매하겠다는 계획을 세웠다. 예컨대 전시회 비품 관리 같은 상당히 귀찮은 일들을 NFC를 활용하면 훨씬 손쉽게 관리할 수 있다고 설득할 참이었다. 그런데 내가 현장에 직접 가보니 RFID나 QR코드, 바코드 등이 자리 잡고 있어 진입장벽이 높았다. 이런 식으로는 NFC가 자리잡는 데 너무 많은 시간이 소모될 듯했다. 젤리코스터는 IT

소프트웨어 개발에서 쌓아 올린 경험치와 기술력, 투자 유치의 경험도 많았다. 다만 실제로 돈을 벌어본 경험은 전무한 것이 단점이었다. 내가 도움을 줄 수 있는 부분은 바로 이 지점이라고 생각했다. 나는 시야를 좀 더 넓혀 멀리 보자고 대표를 설득했다.

'NFC 선도 기업'이라는 입지를 다지기 위해 판매 레퍼런스부터 쌓읍시다. 그리고 고객들 스스로 찾아오게끔 만들어봅시다.

그 뒤부터 여러 기업들과의 협업과 이벤트를 통해 어떻게 NFC를 기업이 적용할 수 있는지 사례를 만들고 이를 알리기 시작했다. 그렇게 진행한 것이 백화점에서 판매하는 산삼 판매 업체와의 협업이었다. NFC를 통해 가격이 비싼 산삼의 진품 인증을 함으로써 고객이 안심하고 사도록 했다. 이처럼 농산물 원산지 인증부터 전시회 티켓 인증, 작은 신발 기업까지 다양한 곳에서 NFC를 통한 정품 인증을 진행했고, 쌓은 판매 레퍼런스로 휠라 등의 대형 스포츠 의류업체를 공략했다.

차츰 활용법을 늘려가자 구미가 당긴 기업들이 알아서 연락을 해왔다. '우리도 이렇게 해보면 어떨까' 하면서 아이디어를 내줬다. 예를 들어, 박물관이나 미술관 등에서 줄을 서지 않고 티켓을 구매하거나 전시품 정보를 제공받을 수 있게 한 퀵탭 서비스, 위급 상황

결국 해내는 사람의 6가지 원칙

시 경찰에 신고할 수 있는 112 안심 신고 서비스, 통신사 대리점에서 소비자가 직접 통화 품질을 확인할 수 있도록 한 측정 서비스, 관광지 정보 안내판 등의 서비스 등이다. 다채롭고 새로운 서비스를 선보이며 NFC의 가능성을 입증해온 젤리코스터는 당시 핫한 IT 기업으로 떠올랐다. 당연한 결과다.

다른 사례도 살펴보자. '슈젠코리아'는 신발 산업의 메카인 부산 기반 기업으로 척추와 관절을 보호하는 특허 기술을 보유한 기능성 신발 제조 유통 기업이다. 한때 잘나가는 수출 기업이었으나 과거 부도를 맞은 경험이 있었다. 그 영광을 다시 찾아오기 위해 대표는 남다른 의지를 보이며 내게 마케팅을 의뢰했다.

처음에는 거절했다. 이미 여러 회사의 컨설팅을 맡고 있어 여력이 없었고, 부산이라는 지역상 거리가 너무 멀어 오가는 데 시간이 낭비될 것 같아 완곡히 거절했다. 하지만 대표는 뚝심의 사나이처럼 2개월 동안 포기하지 않고 연락을 해왔다. 열정에 탄복해 결국에는 마케팅을 맡기로 했다. 다양한 마케팅을 펼쳤는데, 그중 부산이라는 지역성을 벗어나기 위해 서울시와 손잡은 '미리 기부 캠페인'이 가장 많은 호응을 얻었다. 내용인즉 이렇다.

슈젠코리아는 2014년 예상되는 영업이익 중 일부를 미리내운동본부와 서울시사회복지사협회에 미리 기부하겠다고 발표했다. 복지 사각

지대에 놓인 어려운 이웃을 대상으로 신발 2,014켤레를 기부한다고 밝힌 것이다. 금액으로 환산하면, 약 4억 원 정도에 달하는 적지 않은 물량이다.

아직 벌지도 않은 돈을 미리 기부하겠다는 것은 경영진 입장에서 보면 상당히 부담되는 일이 아닐 수 없다. 하지만 조금만 멀리 내다보면 '미리 기부 캠페인'의 효과가 굉장하다는 것을 금세 알 수 있다. 먼저 슈젠코리아가 단순히 지방 기업이 아닌 서울시와 손잡을 정도로 큰 회사라는 점을 알릴 수 있었다. 둘째, 기능성 신발이 척추와 관절을 편안하게 만들어줘서 보행에 어려움을 겪고 있는 어르신들에게 좋음을 홍보할 수 있었다. 셋째, 곧 성공할 기업이기에 미리 기부할 수 있다는 자신감을 임직원들에게 심어줄 수 있었다. 캠페인은 계획대로 효과를 거뒀고, 그 무렵 슈젠코리아는 전국구로 이름 있는 브랜드로 발돋움했다.


## 리더가 되기 위해 알아야 할 10가지

과거 SNS를 통해 '창업 1년 만에 실패하는 사람'이라는 글을 올렸던 적이 있다. 많은 공감을 얻은 글이기도 하고, 함께 상기하면 좋을 듯해 옮겨본다. 누구나 리더가 될 수 있다. 그렇기에 다음 10가지를 부디 몸에 새기면 좋겠다.

첫째, 해당 분야에서 일해본 경력이 직원보다 짧은 사람. 사장님 소리 듣기 전에 아르바이트부터 해보라. 알고 덤벼도 이기기란 쉽지 않다.

둘째, 일을 취미로 여기는 사람. 부업이라도 목숨 걸고 임해야 한다. 사업은 전쟁이다. 취미가 일이 될 수는 있어도 일이 취미가 돼서는 안 된다. 생존을 위한 본능적인 몸부림을 쳐야 성공할 수 있다.

셋째, 감정을 제어하지 못하는 사람. 늘 고개 숙여 인사하고, 기분 나빠도 웃으며 이야기하고, 기분 좋아도 흥분하는 법이 없으며, 실수나 잘못을 했다면 곧바로 인정하고, 듣기 싫은 충고도 달게 받아들일 줄 알아야 한다. 설령 아랫사람의 충고라 할지라도 말이다.

넷째, 남의 도움을 받기 싫어하는 사람. 혼자만의 힘으로 성공하기 힘든 세상이다. 자신보다 못한 사람이 조언한다고 해서 자존심 상해하거나 무시하지 말라. 받을 수 있는 도움은 무조건 받아야 한다. 자기 방식만 옳다고 고집부리면 큰 실수가 없더라도 큰 발전도 없음을 알아야 한다.

다섯째, 트렌드 분석을 하지 않아 소비자 성향을 이해하지 못하는 사람. 공부도 하지 않고 시험에서 만점 받기를 바라는 학생의 심보와 다를 바 없다. 트렌드를 모르면 소비자가 외면하고, 자신이 선택한 아이템에 대한 확신도 사라질 것이다.

여섯째, 기록하지 않는 사람. 쩨쩨하다고 생각해 가계부도 쓰지 않고, 사업계획서도 없이 투자받으려 하고, 자신은 모든 것을 기억한다며 메모하지 않는 등의 이런 사람들은 외상 거래를 하거나 돈을 빌려주고도 몰라서 돌려받지 못하는 경우가 꼭 한 번 이상 생긴다. 그러므로 기록은 필수다.

일곱째, 직원을 우습게 보는 사람. 직원의 충고를 듣지 않는 것은 물론, 돈만 주면 얼마든지 유능한 직원을 구할 수 있다며 '직원은 무조건 사장 말에 복종해야 한다'고 믿는 사람은 사업하기 어렵다. 일은 사람이 하는 것이다. 사람 귀한 줄 알아야 한다.

여덟째, 여유자금이 없는 사람. 갑자기 사업에 문제가 생겼을 때, 또는 사업을 더 키워야 할 때 여유자금이 없으면 곤란하다. 마찬가지로 회사 매출이 좋아졌다고 자금을 물 쓰듯 운용하면 안 된다. 회삿돈은 공금이지, 내 돈이 아니다. 돈 쓰는 재미로 사업한다면 위험하다.

아홉째, 소비자를 무시하는 사람. 일단 팔고 나면 나 몰라라 하는 사람, 구매 후기는 쳐다도 보지 않는 사람, 반품 요청 등의 클레임을 받아도 무시하고 빠른 조치도 없는 사람이 바로 소비자를 무시하는 사업가다. 이렇게 행동할수록 회사의 유통기한은 점점 줄어들게 될 것이다. 소비자는 왕이다. 인정하고 싶지 않아도 손님이 짜다고 한다면 짠 것이다.

　열째, 열정이 없으면서 열정 있다고, 열심히 하지도 않으면서 열심히 한다고 믿는 사람. 이런 사람은 사실 구제 불능에 가깝다. 사업을 하기 전에 자신부터 되돌아보길 바란다.

- 2장 -

사람을
대하는 태도

성공하는 사람들은 사람을 귀하게 여긴다. 사업의 처음과 끝은 자금이지만 돈이 아무리 많아도 뛰어난 직원이 없다면 무용지물이다. 그러므로 사람을 어떻게 대해야 할지 반드시 돌아볼 필요가 있다. 꼭 사업가가 아니더라도 좋은 인간관계를 유지하는 것은 일상생활에서도 현명한 전략이다. 세상에는 영원한 갑도, 을도 없다. 그러니 살면서 원수를 만드는 일은 최대한 피하는 것이 좋다.

　나 역시 인간관계에서 받은 숱한 배신과 상처가 있다. 그때마다 "악을 악으로 갚지 말라"는 성경 구절을 떠올린다. 솔직히 상대를 용서하지는 못해도 저 사람의 그릇이 이 정도려니 하며 마음속에

생기는 불만과 원망을 지우려고 노력한다. 내 마음을 상하게 한 상대에게 악감정을 품지 않는 것이 오히려 내게 이득이 되기 때문이다. 상대가 내게 치명적인 실수를 했다고 해서 원수가 될 필요는 없다. 협상이 결렬되거나 거래가 끊겨 등을 돌리게 되더라도 되도록 웃으며 헤어지는 편이 낫다. 충분히 화를 낼 만한 상황이라도 그러지 않도록 하자. 상대가 내게 미안한 감정을 갖게끔 하는 것이 훨씬 유리하다. 결국 두 발 뻗고 자는 사람은 때린 놈이 아니라 맞은 놈이기 때문이다.

혹여 강하게 대응하지 않아 우습게 여기는 사람이 생기면 어떡하나 걱정된다면 괜찮다. 너그러움을 보이는 것은 오히려 내가 어떤 사람인지를 알릴 수 있는 좋은 기회다. 다시 말해 내가 얼마나 합리적이고 포용적인 사람인지, 얼마나 뛰어난 위기 관리자인지 보여주는 계기가 될 수 있다는 뜻이다. 제삼자가 내게 갖는 우호적 이미지, 거기에서 나오는 나의 긍정적인 평판은 틀림없이 훗날 득이 되어 돌아온다.


## 존경받는 리더, 충성하는 조직원

리더는 조직원들이 'CEO 마인드를 갖고 자기 사업처럼 일해주

결국 해내는 사람의 6가지 원칙

길' 바라고 조직원들은 'CEO가 자기들의 고충을 알아주길' 바란다. 리더는 1명이고 조직원은 다수이기에 온도 차가 있을 수밖에 없다. 아울러 직원들의 불만을 하나하나 다 들어주다 보면 배가 산으로 갈 위험도 충분히 존재한다.

그렇다면 리더가 해야 하는 본연의 업무는 무엇일까? 바로 조직원들이 가지고 있는 가능성과 잠재력을 극대화하는 것이다. 조직원의 역량을 끌어내기 위해서는 무엇을 해야 할까? 월급을 많이 주면 될까? 아니면 칭찬을 끊임없이 해주면 될까?

방법은 유일하다. 조직원들에게 신뢰감을 주는 것이다. 돈도, 비전도, 칭찬도 다 좋지만 최우선은 신뢰다. 기본적으로 인간관계에서 믿음이 사라지면 아무것도 없다. 조직원과 신뢰를 쌓기 위해서는 기본적으로 의사소통을 잘해야 한다. 말로는 소통한다고 하면서 일방적으로 자기가 하고 싶은 말만 해서는 안 된다. 막내 직원의 이야기에도 마음을 열고 귀를 기울여야 한다. 직원들을 가르치려 하기보다 쓴소리도 달게 듣겠다는 태도를 가져라. 창의적이고 자율적인 구글 직원들을 부러워하면서, 회사 시스템은 통제적인 방식으로 운영하는 것은 개인의 지나친 욕심일 뿐이다.

또한 조직원들과의 약속은 작은 것이라도 꼭 지켜야 한다. 사막한 가운데 혼자 남겨진 병사가 '우리 대장은 나를 구하러 꼭 올 것이다'라고 굳게 믿는 것이 신뢰의 전제다. 특히 신상필벌信賞必罰, 즉

상벌을 규정대로 공정하고 엄중하게 하는 일에 최선을 다하라. 예컨대 올해 열심히 일해서 매출이 늘어났을 경우 성과급을 주겠노라고 말했다면 어떤 일이 있어도 지켜야 한다. 연말이 되고 실적이 좋아져 기대감이 한껏 부풀었는데, 갑자기 "내년 세계 경제가 악화되니 긴축을 하겠다"는 식으로 말을 돌연 바꾼다면 이후로 더 이상 조그만 믿음도 얻기 어려울 것이다. 더군다나 누가 그런 사람을 믿고 열심히 일할 수 있겠는가? "내년에는 연봉인상!"을 외치는 양치기 소년으로 비치기 딱 좋다. 회사 사정에 대해서는 직원들도 이미 충분히 잘 안다. 사정이 크게 좋지 않은데도 불구하고 성과급에 대한 약속을 지키며 "좀 더 힘내줄 것"을 부탁한다면 직원들 대다수가 리더를 믿고 따르게 될 것이다.

이 밖에도 리더는 미래에 대한 비전과 목표, 구체적인 액션 플랜, 참신한 아이디어를 늘 가지고 있어야 한다. 모든 것에 완벽함을 추구하는 것은 힘든 일이기는 하나, 조직원들이 따를 만한 모범을 보이려고 계속 노력할 때 비로소 존경받는 리더, 충성심 높은 조직원이 탄생하게 된다.

## 하나로 뭉치게 만드는 비전

세 번째 기업 씽크플레이스를 운영하며 다음 3가지 경영 지침을 세웠다. 첫째, 내가 세운 목표와 생각을 직원들에게 오픈한다. 함께 토론하며 공동의 목표가 되도록 한다. 이 과정을 통해 목표와 생각을 다듬어간다. 둘째, 그렇게 다듬은 목표는 회사 전체의 목표, 즉 '우리의 목표'로 삼는다. 홀로 품었던 목표가 이제 구성원 전체의 목표가 됐으니, 우리 모두 목표를 달성할 수 있도록 나아가자는 새로운 목표도 생기게 된다. 셋째, 목표의 선순환 구조를 만든다. 목표 하나를 달성하면 새로운 목표를 세우고 다시금 공유해 공동의 목표로 삼는 과정을 반복한다. 그러면 회사는 자연스럽게 발전하게 되리라 생각했다.

나는 '우리 목표'를 달성할 수 있도록 끊임없이 독려했다. 목표를 달성하면 기대 이상의 파격 보상을 해줬고, 실패에 대해서는 관대함을 보였다. 신뢰가 쌓일수록 조직 전체의 활력과 자신감이 부쩍 높아졌다. 직원들은 자신들의 잠재력을 발견하고 스스로 신이 나서 업무에 임했다. 그렇게 씽크플레이스는 창업 2년 만에 70억 원의 매출과 60억 원의 영업이익을 달성해 업계 1위가 됐다.

목표의 주체를 개인이 아니라 '우리'로 바꿔보라. 비전을 함께 공유할 뿐인데 많은 것이 변한다. 특히 "나를 따라오라"가 아니라 "같이 갑시다!"로 만들어 서로 끌고 당기는 유기적인 관계가 될 수 있다. 실제로 나는 직원들에게 긍정적인 영향을 끼쳤다. 내 긍정적인 사고 덕에 직원들도 '그게 되겠어?'에서 '한번 해볼까?'로 생각이 점차 전환되기 시작했다. 반대로 나는 직원들의 사려 깊은 고민들을 통해 일의 중심에서 한발 물러나 프로젝트와 업무를 객관적으로 바라볼 수 있게 됐다. 이전에 가파른 성공 가도를 달리면서 직원들의 경고를 귀담아듣지 않고 큰 위험에 빠진 경험이 있었다. 안 되는 일을 수도 없이 되게 만들었던 내 능력에 취해 다른 사람의 충고를 듣지 않았기 때문이다. 하지만 직원들과 비전을 공유한 후로는 내가 세운 목표를 객관적으로 평가할 수 있게 됐다.

인재를 모으려면 어떻게 해야 할까? 2가지 방법이 있다. 첫째는 다른 기업보다 더 많은 보수를 주는 것이고, 그것이 어렵다면 둘째, 멋진 비전을 제시하는 것이다. 이때 비전은 "회사가 잘되면 그때 돈을 더 주겠다"가 아니다. 누가 들어도 허울 좋은 빈말로 들릴뿐더러 설령 반드시 지킬 약속이라고 해도 지금 당장 더 좋은 대우를 해주는 회사를 찾아가는 편이 더 낫다고 생각할 것이다. 그렇다고 과연 돈만 중요할까? 사람들은 자신의 가치를 제대로 평가해주는 회사, 자신의 성장을 적극 지원해줄 수 있는 곳을 선호한다. 회사 규모가 작고 근무 조건이 열악하더라도 리더가 반드시 성공할 만한 사람이라는 믿음이 있다면 인재들은 자동으로 모인다. 만약 돈도, 비전도 없다면 칭찬과 격려라도 많이 해주는 편이 낫다. 그렇지 않다면 돈을 벌어다 주는 직원마저 잃게 될 것이다.

늘 부족한 자금으로 사업을 시작했던 나도 직원들에게 돈 대신 비전과 칭찬을 주는 것이 전부였다. 가진 것이 그것밖에 없었다. 말로만 그치지 않고 구성원들 각자가 비전을 실현할 수 있도록 시스템을 구축했다. 회사 상황은 물론 이익과 손실이 발생하는 구조를 투명하게 공개한 것이다. 또 직원들이 많은 일에 참여할 수 있도록 내부 구조에 변화를 주기도 했다. 개인이 회사에서 중요한 임무를 맡고 있다고 느끼게 해주기 위함이었다. 본인의 노력에 따라 회사가 성장할 수 있다는 믿음을 심어주려 한 것이기도 하다.

각자의 눈과 두뇌를 모두 합치면 해결할 능력이 월등히 높아진다. 폭넓으면서도 냉정한 평가가 가능해지는 것이다. 그 시각 Vision 을 함께하는 것이 직원이며 리더다. 이것이 내가 말하고자 하는 비전의 공유다.

## 얻고자 한다면 협상하라

'협상의 기술'이라고 하면 마치 대단한 전략을 말할 것 같지만, 사실 협상이란 우리가 살아가면서 원하는 것을 얻기 위해 하는 모

든 행동을 의미한다. 실제로 미국 펜실베니아대학교와튼스쿨의 협
상학 주임 교수 리처드 셸Richard Shell 은 협상을 이렇게 정의했다.

> 협상은 자신이 상대에게 무엇을 얻고자 하거나, 반대로 상대가 자신에
> 게 무엇을 얻고자 할 때 발생하는 상호작용적인 의사소통이다.

이 말인즉슨, 내가 원하는 것을 잘 얻어내기 위해 하는 일종의 수
싸움이 협상의 기술인 것이다. 협상의 기술을 배워두면 인생 곳곳
에서 써먹을 일이 많을 것이다. 대표적인 협상 전략으로 크게 5가
지를 꼽는다.

첫 번째, 회피전략Avoiding: Lose-Lose 은 의도적으로 아예 협상을 피
하는 전략이다. 협상을 시작조차 하지 않기에 협상 당사자 모두 아
무것도 얻지 못한다. 대안이 있거나 협상 상대와는 현재 얻을 이익
도, 앞으로 이익도 모두 낮다고 생각할 때 아예 협상하지 않는다고
판단될 때 주로 쓰인다.

두 번째, 수용전략Accommodation: Lose to Win 은 상대에게 겨주면서
훗날 더 큰 이익을 도모하는 전략을 말한다. 비록 현재 얻을 수 있는
이익은 적어도 일단 관계를 맺어둔다면 미래에 더 높은 이익을 얻
을 수 있을 것이라 기대될 때 활용된다. 예를 들어, 협상 상대와 더
깊은 상호 의존 관계가 필요하거나 적대적인 관계를 개선해야 할

때, 협상을 진행하는 과정에서 내 이익만 취하는 것이 관계를 심각하게 훼손시킬 수 있겠다는 판단이 들 때 이런 전략을 쓴다. 즉, 이익보다는 관계를 우선하는 전략이다.

세 번째, 타협전략Compromise: Split the difference 은 우리가 흔히 말하는 5대5 절충안이다. 관계나 결과에 대한 중요도가 모두 중간 정도일 때 서로의 타협점을 찾는 전략이다. 기업과 근로자 간에 하는 연봉 협상처럼 당사자들끼리 각자 얻을 수 있는 미래 이익이 서로 상충할 때, 또 당사자들 간의 관계가 복잡해 협력 관계가 곤란하거나 쉽지 않을 때 절충 전략으로 주로 쓰인다.

네 번째, 협동전략Collaborative: Win-Win 은 보통 '윈윈'이라고 말하는 너도 좋고 나도 좋은 협상이다. 자신과 상대의 이익이 모두 중요한데다 서로의 관계도 큰 의미가 있을 때 사용된다. 최상의 전략으로 익히 알려져 있지만, 양쪽 모두가 만족할 만한 최적의 결과를 끌어내기가 쉽지 않다는 점은 단점이다.

마지막 다섯 번째, 경쟁전략Competitive: Win to Lose 은 내 이익이 가장 중요할 때 선택하는 협상 전략이다. 내 이익은 중요하지만 상대의 이익에 관해서는 관심이 없을 때, 서로의 미래 관계가 그렇게 중요하지 않을 때, 장래에 다시 볼 일이 없는 상대와 진행하는 일회성 협상일 때, 상대가 이미 경쟁적으로 나오며 자신의 이익을 위해 언제든 배신할 수 있다고 생각할 때 이 전략을 쓴다.

개인적으로 선호하는 전략은 네 번째 '협동(윈윈) 전략'이다. 비즈니스 세계에 있다 보면 한쪽만 일방적으로 이익을 보는 경쟁전략을 취하는 사업가가 높이 평가되고는 하지만 내 생각은 다르다. 지금 당장은 이익인 듯 보이지만 결국 시장 질서를 엉망으로 만들어 업계 전체에 피해주는 경우가 허다하기 때문이다. 진짜 제대로 된 협상가는 자신의 이득만 취하는 회피/경쟁전략보다 수용/협동전략을 취하는 경우가 더 많다. 자기 이야기만 하기보다는 상대방의 말에 귀 기울이며 우호적인 관계를 형성해 창조적인 솔루션을 찾아내는 것이다.

내가 협상해서 좋은 결과를 끌어낸 경우만 떠올려봐도 나만의 이익을 꾀하기보다 상대의 가려운 점을 긁어주면서 진행하려고 할 때 훨씬 더 성과가 좋았다. 대표적으로 앞서 들려준 기아자동차와 공동 마케팅을 진행하며 듀비스의 브랜드를 알리는 동시에 어려움에 처한 기아자동차에 대한 국민적 관심을 불러일으킨 사례가 그러하다.

또 하나 알아두면 좋은 협상의 기술이 있다. 바로 배트나BATNA, Best Alternative To a Negotiated Agreement 전략이다. 배트나는 협상에서 합의에 이르지 못했을 때 선택할 수 있는 최선의 대안을 의미한다. 협상에서 대안은 중요하다. 이것이 있을 때 협상을 리드할 수 있는 것은 물론 아예 협상에 나서지 않아도 되는 회피전략을 쓸 수도 있어 상대방을 더욱 안달복달하게 만들 수 있다. 나 역시 배트나 전략을 자주 사용한다. 예를 들면 이런 식이다.

귀사가 아니더라도 저는 이 프로젝트를 꼭 추진할 겁니다. 이미 연락이 온 곳도 있습니다. 하지만 이왕이면 귀사와 일을 진행하고자 합니다. 귀사가 대한민국 최고니까요.

상당히 흥미로운 프로젝트를 제안하면서 이런 배트나 전략을 병행하면 상당히 높은 확률로 내게 유리한 협상을 진행할 수 있다.

# "리더의 자질이
훌륭한 조직과 성과를 만든다"

### 전화성 씨엔티테크 대표

조직이 어느 정도 성장하고 나면 지금 성과가 최선이라고 생각하며 안주하기 십상이다. 하루하루 꾸준히 할 일을 해나가는 것도 중요하지만, 한 번씩은 모든 역량을 결집해 조직의 수준과 성과의 기준을 한 단계 끌어올려야 할 때가 있다. 그렇게 역량을 한 단계씩 끌어올릴 때 성공에 더 가까워질 수 있다. 그리고 이런 역할은 당연히 리더의 몫이다.

전화성 씨엔티테크 대표는 외식 주문 대표번호 '1588'를 만들어 외식 중개 플랫폼 시장을 개척한 혁신가로 꼽힌다. 개별 업체가 직접 콜센터를 운영하면 인건비는 물론, 기기 구매비 등까지 비용이 많이 든다는 점을 바탕으로 수십 개 외식 브랜드의 주문을 받는 콜센터 외주 사업을 시작한 것이다. 씨엔티테크는 치킨, 피자 등 당시 배달 주문이 꼭 필요했던 외식 브랜드 시장의 90퍼센트를 장악했고, 지금은 카카오톡 주문하기 등에 들어가는 주문 중개 소프트웨어까지 만들며 사업을 확장하는 중이다.

전 대표는 창업 초창기 콜센터 직원들의 주문 처리가 늦어 주문이 밀리는 일이 반복되자 1개월간 직접 전화를 받아 처리했다. 그리고 하루 300건 처리라는 기준을 세웠다. 당시 하루 평균 주문 처리량은 150건 정도였다. 처음에는 직원들의 원성을 샀지만, 이후로는 기준을 맞추지 못하는 사람들이 떠나가고 남을 사람만 남아 자연스레 구조 조정이 이뤄졌다. 리더의 눈높이로 조직이 맞춰지면 '할 수 있다'는 생각이 자리잡히고, 조직 자체에 자신감을 높일 수 있게 된다. 물론 말처럼 쉬운 일은 아니다. 하지만 성공적으로 운영되는 조직을 만들려면 반드시 거쳐야 하는 일이다.

나 역시 〈815머니톡〉을 운영하던 초창기 시절, 편집자들을 새로 구하며 조직 규모를 키우는 데까지는 성공했지만 생산성은 크게 늘지 않아 고민이었다. 더 빠르게, 더 많은 영상을 편집할 것을 요구했지만, 신규 편집자들은 기본 프로세스가 있어 지금보다 속도를 더 높이는 것은 무리라며 반박했다. 내가 그들을 설득하기 위해 제안한 것은 '편집 시합'이었다. 기교는 쏙 빼고 단순한 작업만 할 때 누가 더 빨리할 수 있는지를 겨뤄보자는 것이었다. 만약 내가 이기면 내 방법을 따라달라고 요청했다.

전문적으로 영상을 배운 편집자들은 당연히 나보다는 빠를 것이라 생각하고 제안을 받아들였지만, 의외로 승리는 내 차지였다. 과거 홀로 편집하던 시절의 작업 방식은 오로지 편집 속도를 높이는 것에 혈안이었기에 그 방면에서는 오히려 내가 전문가였던 것이다. 실력 차를 눈으로 확인하고 난 편집자들은 내가 쌓아온 노하우를 순순히 받아들였고 생산성도 빠르게 높였다.

• • •

조직 내에서 리더십은 매우 중요하다. 하지만 아무리 훌륭한 리더십도 잘 따라주는 팔로우십이 없다면 훌륭한 성과를 낼 수 없다. 초기 멤버들을 실력은 물론 의욕까지 겸비한 사람으로 구성하는 것이 무엇보다 중요하다. 예상되는 숱한 실패 경험에도 좌절하거나 실망하지 않고, 다시 일어설 수 있는 단단한 마음을 가진 사람과 함께해야 사업 초기 누구나 겪는다는 '데스 밸리 Death Valley'를 극복해낼 수 있기 때문이다. 이러한 사람을 한 번에 알아볼 수 있도록 돕는 10가지 질문을 준비해봤다.

첫 번째, 뚜렷한 목표가 있는 사람인가? 뚜렷한 목표가 있는 사람은 언제나 자기 발전을 생각하고 노력한다. 반면 목표가 없는 사

결국 해내는 사람의 6가지 원칙

람은 의욕이 없고 정체된 채로 살면서 늘 회사를 옮길 궁리만 한다.

두 번째, 목표를 달성하기 위해 지금 어떤 노력을 하고 있는가? 그럴듯한 목표만 세워두고 구체적인 행동을 하지 않는다면 아무 소용이 없다. 이 질문의 답변을 들어보면 진정한 목표가 있는지, 아니면 급조한 것인지 판가름할 수 있다. 목표를 위해 노력하지 않는 사람은 회사를 위한 어떤 노력도 하지 않을 가능성이 높다.

세 번째, 지금까지 살아오면서 세운 목표 중에 이룬 것이 있는가? 목표 달성의 기쁨을 맛보면 다른 큰 목표도 이룰 수 있다는 자신감이 생긴다. 일명 '자신감 바이러스'는 다른 직원들에게도 좋은 영향을 끼친다.

네 번째, 실패한 일이 있다면 그 이유는 무엇이라고 생각하는가? 실패 원인을 분석하지 않는다면 발전도 없다. 자기 자신에게서 이유를 찾는지, 아니면 외적인 요인에서 찾는지도 중요한 포인트다. 웬만하면 남 탓을 하는 사람은 피하는 것이 좋다. 남 탓은 습관이기에, 회사에 들어와서도 마찬가지의 행태를 보일 수 있다.

다섯 번째, 지금 하고 있는 일 또는 앞으로 해야 할 업무에 대해 어떻게 생각하는가? 입사 후에 하게 될 업무를 정확히 파악하고 있는지, 발전 가능성이 있는 인재인지 확인할 수 있는 질문이다. 무작정 "주어진 업무가 무엇이든 무조건 열심히 하겠습니다!"라고 대답하며 시킨 일만 하는 사람은 발전이 없기 때문이다. 해야 할 일을 찾아서 하는 것, 특히 경력직 사원이라면 반드시 그래야만 한다.

여섯 번째, 스스로 평가하는 본인의 업무 만족도 또는 업무 역량은 어떠한가? 자기 자신을 평가할 때 객관성을 보이는 사람이 다른 업무를 수행할 때도 객관적인 시선을 견지할 수 있다.

일곱 번째, 자신이 맡은 업무 분야에서 세운 목표는 무엇인가? 무슨 목표를 세웠는지를 보면 그 사람의 성공 그릇을 알 수 있다. 계속 강조하지만, 목표가 없는 사람은 발전도 없다.

여덟 번째, 목표를 달성하기 위해 회사가 지원해줬으면 하는 것은 무엇인가? 회사의 역할을 얼마나 이해하고 있는지 알 수 있으면서, 회사에 대한 주인 의식을 파악할 수 있다. 회사를 단순히 월급 주는 곳으로 인식하고 있다면 곤란하다. 함께 밥을 먹는 식구들이 있는 공간, 즉 '우리집'이라고 생각해야 한다.

아홉 번째, 목표를 위해 본인과 동료들이 노력해야 할 것은 무엇인가? 위의 여덟 번째와 마찬가지로 업무에 대한 이해도와 책임감 등을 파악할 수 있다. 또 동료들에 관한 생각을 들어보기 위해서라도 꼭 해야 하는 질문이다. 조직 내 물이 흐려지지 않으려면 미리 확인해두는 편이 좋다.

열 번째, 경력자라면 회사를 옮기려는 이유가 무엇인가? 회사의 비전과 연봉, 동료와의 불협화음 가운데 이직의 원인이 된 우선순위를 확인할 수 있다. 직장생활에서 무엇을 중시하는지, 어떤 것을 견디지 못하는 사람인지도 알아볼 수 있다. 비슷한 맥락으로, "월급도 괜찮고 좋은 동료도 많은데, 회사가 부도덕하거나 언제 망할지 알 수 없다면 어떻게 하겠는가?"라는 질문으로 지원자가 우선하는 가치를 확인해볼 수 있다.

# 마인드

---

## :자기 자신을 이겨라

# - 1장 -

## 스스로를 믿을 때
## 비로소 강해진다

강연하던 중에 이런 질문을 받은 적이 있다.

"대표님은 아무런 걱정이 없는 사람처럼 편안하고 즐거운 표정을 하고 계세요. 사업이 너무 잘돼서 그런가요?"

그의 말에 나는 이렇게 답했다.

"아뇨. 저도 해결해야 할 문제들이 많아요. 그중 몇 개는 앞으로 오래 시련을 겪을지도 모르는 아주 중대한 문제이기도 해요. 그렇지만 제가 스스로 선택해서 가는 길이기에 고통이 있더라도 즐겁게 받아들이려고 합니다."

아무리 낙관적인 사람이라도 인생을 바꿀 중대한 결정을 앞두고 마냥 즐거울 수 있는 사람은 없다. '해결하지 못할 문제나 시련이 내 인생을 고통으로 빠뜨리게 하면 어쩌나' 같은 막연한 불안과 두려움이 해일처럼 닥쳐올 때도 있을 것이다. 그러나 고민을 끌어안고 끙끙거려봐야 해결되는 것은 아무것도 없다. 단지 우리가 할 수 있는 일은 문제를 해결해볼 방안들을 계속해서 찾아 시도해보는 것이고, 원하는 결과가 나올 때까지 도전을 거듭하며 달려가는 것밖에 없다.

어떤 문제가 닥쳐도 끝까지 포기하지 않는다면 고통이 따르더라도 반드시 해결될 것이다. 그러한 믿음이 우리를 살게 한다. 자기 스스로를 믿을 때 나오는 행동과 말에는 자신감이 묻어 있고, 그 힘은 상당하다. 자신에게 '할 수 있다'는 자기 암시를 주기도 하고, 주변 사람들을 설득시키거나 나아가 나를 돕도록 만들기도 한다. 난관에 부딪혔을 때, 힘들어서 포기하고 싶을 때일수록 자신을 더 믿고 할 수 있다는 긍정적인 생각을 유지하려고 노력해보자. 다행히도 나는 지금까지 내 믿음이 크게 배신당한 적이 없다. 내가 항상 밝은 표정을 유지할 수 있었던 데는 이런 긍정적인 마인드가 배경에 깔려 있었기 때문이다.

그렇다고 자신을 철석같이 믿으란 의미는 아니다. 일을 진행할 때만큼은 시행착오를 줄이기 위해서 방향성이 맞는지 꼼꼼히 확인하고 살펴보는 것이 좋다. 자신의 진심과 실력이 잠시 눈길을 끌지 못하더라도 뚝심 있게 옳은 방향으로 나아간다면 결국은 해낼 수 있을 것이다. 한계를 정하지 말고 될 때까지 하겠다는 각오만 있으면 된다.

## 잠깐의 시련이 훗날 열매가 된다

서울시와 서울시 일자리 창출의 주역인 중소기업종합지원기관 서울산업통상진흥원(SBA·현 서울경제진흥원)과 함께 2013년 6월부터 〈씨이오톡CEO TOK〉이라는 인터넷 생방송을 진행했다. '미래 청년 사업가를 육성하자'는 취지로 기획된 방송으로, 성공한 중견기업 CEO들의 성공 스토리와 경영 철학, 창업 비화 등을 이야기하는 비즈니스 토크쇼였다. 주로 SBA가 운영하던 하이서울브랜드기업의 대표들이 출연했다. 창업을 꿈꾸는 대학생들이 자발적으로 참여해 스튜디오를 채웠고, '지식PD'라는 타이틀로 활동하는 고우성 PD와 내가 진행자를 맡았다.

누구나 참여할 수 있는 열린 프로그램이었지만, 직접 방문하기 어려운 사람들을 위해 페이스북과 팟캐스트 등으로도 송출시켜 문턱을 더욱 낮췄다. 또 대학생들로 구성된 '하이서울 프론티어'가 출연자를 미리 찾아가 인터뷰를 진행하고 창업 교육도 받을 수 있도록 했다.

이 〈씨이오톡〉의 아이디어를 제안하고, 누구나 참여할 수 있는 토크쇼로 만든 것은 바로 나였다. 내 주도 아래 시와 시민, 성공한 기업가가 함께 지식을 나눌 수 있는 대형 프로젝트가 탄생한 셈이니 무척 기뻤다. 그러나 촬영을 하던 중에 내심 속상한 일이 생겼다. 고 PD 소유의 스튜디오에서 촬영을 진행하다 보니 점차 무게감이 고 PD에게 쏠렸다. 공동 메인 MC로 분명 시작했는데 점차 고 PD가 메인 MC가 되고, 나는 고작 패널 정도에 불과한 기분이 들었다. 인터뷰 중간중간 방청객에게 질문하거나 소감을 묻곤 했는데, 나 역시 그들과 비슷한 입장처럼 느껴졌다.

만약 초반부터 내 자존심을 지키기 위해 이의 제기를 했더라면 상황은 조금 달라졌을까? 그럴 수도 있었지만 그러지 않았다. 내가 중요한 인물로 인정받는 일은 여기서 그다지 중요하지 않다고 봤기 때문이다. 섭섭함과 속상함보다는 이 토크쇼가 내게 가져다줄 이점과 내가 얻을 새로운 경험을 떠올리며 마음을 다잡았다. 또 성공한 사업가들이 자신의 이야기를 솔직하게 공유하고, 이것을 신규 사업가들이 배우고 힘을 얻을 수만 있다면 그것만으로도 가치 있는 일이라 믿었다.

〈씨이오톡〉을 진행하면서 '질문의 기술'을 터득했다. 질문을 잘하기 위해서는 그 사람에 대해 잘 아는 것은 기본이며, 듣는 사람이

궁금해할 만한 지점에 대한 인사이트도 필요하다는 것을 배웠다. 이때의 경험 덕분에 〈815머니톡〉에서도 수많은 전문가에게 좋은 답변을 끌어낼 수 있었다. 존재감 없던 시절이었지만 그 시간을 지나며 배운 것들이 오래토록 도움이 되고 있다. 세상에 쓸모없는 경험이란 없다고 다시 한번 깨닫는다. 지금 당장 계획했던 일이 생각처럼 풀리지 않더라도 절망할 필요가 없다. 실패도 언젠가 써먹을 날이 오기 마련이다. 경험은 다양하고 많을수록 좋다. 경험하는 과정에서 그 경험이 주는 장점이 크다면 그 밖의 갈등 요소는 무시할 수 있는 대범함을 갖도록 하자.

그동안 홍보 마케팅과 경영 컨설팅을 하며 성공한 사람들의 아우라가 무엇인지 알게 됐다. 시련을 겪어도 결국 이겨내고 성공의 문턱에 닿은 사람들에게서는 포기하지 않는 끈기, 재빠른 실행력, 반드시 성공하겠다는 절박한 마음, 실력 향상을 위해 끊임없이 자기 자신을 갈고닦는 부지런함을 엿봤다. 이들에게 또 하나 특별한 점을 발견했으니, 그것은 바로 다른 사람들의 시선이나 평가보다는 오로지 자기 자신에게 집중한다는 것이다. 이들은 자신이 얼마나 더 발전하고 성장할 수 있는지를 염두에 두고 움직였다. 타인을 신경 쓰게 되면 질투와 갈등이라는 부정적 감정에 휘말려 오히려 될 일도 안 된다는 것을 본능적으로 알고 있는 것이다.

이따금 자신이 힘겹게 일군 성공을 스스로 깨버리는 경우를 보기도 했다. 이유를 들어보면, 대체로 다른 사람의 평가나 의견에 휘둘려서였다. 살다 보면 명예나 자존심이 실리보다 중요하게 느껴지는 순간이 있다. 하지만 잘못된 판단으로 자존심도 실리도 모두 잃을 수도 있다. 잠깐 자존심이 상했다고 황금알을 낳는 닭을 죽이는 어리석은 일을 저지르지 않도록 각별히 주의하자.

## 불행이 닥치더라도 이겨내는 법

'왜 내게 이런 시련이 있을까? 나보다 더 나쁜 사람들도 행복하게 잘만 사는데 왜 나한테만 이런 일만 자꾸 일어날까? 내게 어떤 문제가 있는 걸까?'

생각지도 못한 불운을 경험한 적 있는가? 살아가면서 겪는 고통이나 불행은 대부분 어느 정도 나로부터 비롯되지만, 때로는 내 잘못과는 전혀 관계없이 일어나기도 한다. 누구를 원망해야 할지도 모른 채 길어지는 자책의 시간 속에서 깊은 우울감에 빠져들고 좌절하는 사람도 많다.

나는 타고나기를 긍정적이다. 어떤 힘든 일도 노력하면 극복할 수 있다고 믿는 편인데, 그런 나도 도무지 이겨낼 수 없었던 한 사건이 있었다. 4인조 강도에게 납치돼 생사의 갈림길에 섰던 일이다.

결국 해내는 사람의 6가지 원칙

갑작스레 닥친 불행에 깊이 상처받고 무려 7년간 방황했다.

2002년 12월, 두 번째 사업 실패 후 세 번째 홍보 마케팅 기업이 창업 2년 만에 연 이익 60억 원 규모를 달성하면서 나의 칠전팔기 스토리가 마침 언론에서 주목받고 있었다. 이번에야말로 성공을 맛볼 절호의 기회였다. 그러던 어느 날, 고객들과 미팅 후 계약을 위해 회사로 이동하려고 문 앞에 대기하고 있던 승용차에 올라탔다. 그런데 운전석과 조수석, 그리고 뒷좌석의 나를 중심으로 양옆을 차지하던 남성 4명이 차가 출발한 지 5분여 만에 강도단의 본색을 드러냈다.

"쉽게 끝냅시다. 통장 비밀번호 불러요."

등 뒤로 식은땀이 흘렀다. 하지만 내가 이룬 모든 것들이 들어 있는 통장 비밀번호를 순순히 부를 수는 없었다. 나는 최대한 담담하게 그들을 회유했다.

"돈이 없습니다. 모든 돈은 회사 자금으로 쓰이고 있어요. 그리고 원래 중소기업은 버는 족족 투자하는 경우가 많기에 그 현금도 얼마 없습니다."

그렇게 끝까지 버텨보려 했다. 그러나 그들은 이미 다 알고 왔다는 듯 나를 협박했다.

"계속 이런 식으로 나오면 후회할 텐데. 집 주소가 강남구 ○○동 ○○○ 맞지?"

순간 몸이 얼어붙었다. '납치를 하는데 집 주소 정도야 당연히 조사했겠지' 하고 침착해보려 애썼다. 이어지는 다음 말을 듣지 않았다면 말이다.

"독신이라 어차피 집에 아무도 없으니 괜찮다고 생각하는 건가? 그럼 이건 어떨까? ○○○에 살고 있는 네 친구 딸 1명 있지. 그 딸이 다니는 유치원 이름이…."

이 말을 듣자마자 나 때문에 괜한 친구까지 피해가 갈지도 모른다는 생각에 돈 따위는 포기하기로 했다. 당시 1회 인출 금액은 최고 1억 원이었다. 그들은 내 통장 비밀번호를 알아내고, 3회에 걸쳐 3억 원을 인출해갔다. 이 정도면 목숨값치고는 저렴하다고 여기며 이제 풀어주기만을 기다렸는데, 그들은 되레 회사 자금까지도 요구했다. 회사 통장에는 수십억 원의 자금이 있었고, 그것만큼은 절대로 뺏길 수 없었다. 그러나 이미 마음이 한 번 꺾인 터라 나는 속수무책으로 자금을 담당하던 직원에게 전화를 걸었다.

"급한 일이 있어 회사 자금을 다른 곳으로 옮겨야겠어요. 지금 사람을 보낼 테니 20억 원 현금으로 준비해주세요."

다행히 전화를 받은 직원이 평소와 다른 내 모습에 수상함을 느껴 곧장 경찰에 신고했다. 그리고 경찰의 빠른 대응 덕에 돈을 받으러 갔던 일당 중 1명은 체포됐다. 문제는 여전히 내가 강도단에게 붙잡혀 있었다는 것이다. 돈을 받으러 간 공범의 소식이 끊기자 나머지 3명은 차를 돌려 김포 공항 근처 인적이 드문 국도변으로 향했다. 나를 차에 가두고 내린 후 그들은 심각하게 상의했다.

'나를 죽일지 말지를 논의하는 것일까. 이제 정말 죽을 수도 있겠구나.'

분노와 슬픔, 공포가 온몸을 덮치고 있던 가운데, 일당 중 1명의 전화벨이 울렸다. 경찰이었다. 나중에 이야기를 들으니, "어차피 공범이 모두 자백했으니 일 더 크게 벌이지 말고 자수하라. 이미 전국에 수배를 내려서 도망가기도 어려울 것이다"라고 말했다고 한다. 전화를 끊은 그들은 다시 한참 논의하더니 내게 다가왔다.

"이제부터 경찰서로 갈 거야. 너는 납치된 것이 아니라 우리와 함께 새로운 사업을 의논하기 위해 있었던 거라고, 납치라고 오해하는 바람에 일이 이렇게 된 거라고 말해. 만약 일이 틀어지면 쥐도 새도 모르게 확 묻어버릴 거야. 목숨 건지고 싶으면 확실히 해."

3명 중 둘은 도망가고 나머지 1명이 나와 함께 영등포경찰서로 향했다. 경찰서 안으로 들어가니 비로소 살았다는 안도감에 힘이 풀렸다. 그래도 두려움이 완전히 가시지 않았다. "똑바로 하라"는 듯 주범이 내 팔뚝을 확 움켜쥐었는데, 다시 한번 공포가 밀려들었다. 남자의 자존심이고 뭐고 겁에 질린 나는 그들이 시키는 대로 진술했다. 물론 담당 경찰관 눈에는 어떤 상황인지 빤히 보이는 듯했다. 이제 안전하니 사실대로 말해도 괜찮다며 거듭 나를 설득했고,

결국 진실을 토로했다. 도망쳤던 잔당 2명도 체포되면서 마침내 안심했다.

이 납치 사건은 단순한 해프닝으로 끝날 줄 알았다. 생명의 위협을 느낄 만큼 큰일이었지만 무사히 살아났다는 안도감이 더 컸다. 나중에는 이 사건이 내 성공을 빛내줄 소재가 될 수 있겠다는 생각도 할 정도였다. 그러나 본격적인 수사를 하면서 사건 전말이 밝혀졌고, 나는 충격받고야 말았다.

첫째는 납치 사건의 배후에 지인이 있었다는 사실이다. 강도단들이 회사 사정을 너무 잘 안다 싶었는데 역시나 이유가 있었다. 당시 고객사 중에 회사 경영이 어려운 곳이 있었는데, 문제 해결을 위해 나를 고용했었다. 그 무렵 어린 나이에 상법대로 노련히 잘 해결하던 나를 시기하고 불편해하는 사람들이 주변에서 점점 생기고 있었다. 그때 나를 위로하며 내 능력을 높이 샀던 회사 경영진이 있었고, 친형님으로 모실 만큼 가깝게 지냈다. 그런데 지나고 보니 뒤에서는 내가 회사 공금을 횡령한 부도덕한 사람이라며, 과거 전과도 있다는 식의 악성 루머를 퍼뜨리고 있었고, 심지어 납치까지 사주했다는 사실을 알게 됐다. 그 이야기를 전해 듣고 사람에 대한 믿음이 순식간에 사라져버렸다.

두 번째 충격은 가해자인 그들과 대질 심문을 할 때 찾아왔다. 그들이 무시무시한 조직폭력배나 전문적인 범죄 집단일 거라고 지레

겁먹었었는데, 상황에서 벗어나서 보니 그들의 외형은 그렇게 험악하지 않았다. 그저 내가 내 두려움이 상상에 먹이를 주며 어마어마한 공포로 확장됐을 뿐이었다. 오히려 내 바짓가랑이를 붙들고 눈물 바람으로 용서를 호소하는 모습을 보고, 너무나도 평범한, 아니 평범보다 못한 사람들에게 그토록 공포에 질린 내가 우스웠다.

'내가 이렇게 못난 사람들 앞에서 벌벌 떨었단 말인가? 도망갈 생각조차 하지 못하고 돈까지 바쳐가며 목숨을 구걸했단 말인가?'

10년이 지난 지금도 납치당했던 장면이 선명하다. 신호 대기로 차가 횡단보도 앞에 멈췄을 때 충분히 도망칠 수 있었음에도 기회를 놓쳤다고 자책했다. 아니면 영화처럼 핸들을 꺾어 벽에 들이받아 기회를 모색할 수도 있었다. 하지만 그 순간에는 어떠한 생각도 할 수 없었다. 손과 발도 제대로 움직이지 못했다. 그토록 두려워하던 공포의 실체가 고작 이것이라니. 머리를 망치로 맞은 듯한 강렬한 패배감이 나를 찾아왔다.

잡범도 되지 못하는 어수룩한 범죄자에 무릎을 꿇었다는 자괴감이 세차게 밀려왔다. 자괴감이나 패배감 같은 감정만큼 무서운 것이 또 있을까? 이 감정에 억눌린 나머지 정말 아무것도 할 수가 없었다. 자다가도 울컥하며 일어나 욕을 하고 화를 냈다. 처음에는 강도단에게 향했던 분노가 서서히 나 자신을 향하기 시작했다. '나쁜 놈들'에서 '이런 못난 놈'으로 바뀐 것이다.

두려움의 실체를 알고 나면 아무것도 아닐 때가 더 많다. 이겨낼 방법은 단 하나, 바로 정면 돌파다. 무엇이 있을지 몰라서 두려운, 어둡고 깊은 지하실로 내려가 공포를 유발하는 그 어떤 것도 없다는 사실을 두 눈으로 직접 확인해야 이겨낼 수 있다. 하지만 그때의 나는 그러지 못했다. 날로 커지는 패배감으로 괴로워했다.

이 감정에는 종착역이 없다. 계속해서 미궁으로, 어두운 터널로 끌고 가며 고통을 준다. 고통은 가속도가 붙으며 커졌고, 계속해서 확대 재생산됐다. 나는 급속도로 피폐해졌다. 끝 모를 무력감이 몸과 마음을 지배하고, 삶과 성공이 덧없이 느껴지기에 이르렀다. 대인기피증이 심해졌고, 설상가상으로 자살까지 생각하게 됐다. 그래서 열심히 사는 것을 그만두기로 했다. 살아야 할 이유를 잃은 나는 회사를 정리하고 떠나갈 채비를 했다. 아무도 나를 모르는 곳으로 숨어들고 싶다는 생각이 나를 움직이게 했다. 유서를 품에 안고 떠난 기약 없는 여행이었다.

그렇게 떠난 첫 목적지는 브라질이었다. 그곳에서 나의 여행은 시작됐다. 남미 전역을 거쳐 북미로 향했고 유럽을 일주하기까지 이르렀다. 한국으로 돌아와서도 전국을 떠돌았다. 이 동네에서 잠시 살았다가 다른 동네로 이동하는 식으로 나의 30~40대를 보냈다. 목적 없이 이동하는 삶이었기에, 여행이라기보다 '방랑'에 더 가깝다고 볼 수 있다.

결국 해내는 사람의 6가지 원칙

상파울로의 뜨거운 뙤약볕 아래서 브라질 전통 피리로 '엘 콘도 파사'를 연주하며 물건을 팔던 청년과 옆에서 땀을 닦아주며 사랑스럽다는 듯 바라보던 여인. 하루 종일 아무것도 팔지 못했지만 샌드위치와 콜라 캔 하나를 길거리에 앉아 나눠 먹으면서도 행복하게 웃던 둘의 모습. 새로운 직업을 갖고 싶어 영어 공부를 시작했는데 너무 어렵다며 껄껄 웃던 40세의 바르셀로나 식당 웨이터. 통화하던 중 산사태로 부모님이 사망하는 비극을 겪고 밤마다 악몽을 꾼다며 힘들어하던 21세의 스위스 청년. 영스트리트는 자기 구역이라며 놀러 오라던 캐나다 토론토의 노숙자…. 다양한 사람들을 만나면서 삶에 대한 의지와 해답을 찾아가는 듯했다. 어느덧 온몸에 살아 있다는 감정으로 차올랐다.

한창 일할 시간을 헛되이 보내 아쉽지 않느냐고 물어보는 이들이 있었다. 돌이켜보면 내게 필요했던 시간이었다고 감히 단언할 수 있다. 잠깐의 직장생활 후 20대 후반부터 사업을 시작하며 십여년 가까이 일에만 미쳐 있던 날들이 이어졌다. 나도 모르는 사이 몸과 마음이 지쳤지만 내색할 겨를도 없이 그저 달렸다. 깊은 우울감 속에서 시작한 방랑은 다양한 계층의 사람들을 만나게 해줬고, 다채로운 문화와 자연유산을 돌아보며 그동안 몸에 새겨진 생채기를 자연스레 치유할 수 있었던 소중한 시간이 됐다.

그래. 그동안 얼마나 열심히 일했는가. 이제껏 최고라는 말을 들으며 살아왔던 내가 아닌가. 앞으로 노숙자 생활보다도, 납치당한 경험보다도 힘들고 아픈 시련은 더 없을 것인데, 이것을 견뎌내면 그 어떤 것도 두려워할 필요가 없지 않은가. 그렇다면 지금 나는 무엇 때문에 이러고 있는 것인가.

의지대로 되지 않는 것이 인생이라는 사실을 뼈저리게 깨달으면서, 이왕 이렇게 된 거 다시 한번 새롭게 시작해보자고 다짐했다. 이전에는 나 자신의 성공을 위해 달려왔다면, 앞으로는 다른 사람의 성공을 돕는 시간을 가져보고 싶어졌다. 그러다 보면 내가 진짜 하고 싶었던 일이 무엇인지 그 해답을 찾을 수 있을 것 같았다. 경험 부족으로 어려움을 겪는 청년 사업가들, 꿈을 잃고 방황하는 사람들, 실패 이후 실의에 빠져 새로 시작할 용기를 잃은 사람들. 3번의 사업과 사기, 실패, 어이없는 실수 등 그동안 내가 경험하고 터득한 이야기를 전한다면 큰 힘이 될 수 있겠다고 생각했다.

나 같은 사람도 꿋꿋하게 살고 있다는 것을 보여주자. 죽을 만큼 힘들었지만 죽지 않고 일하고 있다는 것을 알려주자.

예기치 못한 불행에서 빠져나올 수 있는 방법을 찾는 데 자그마치 7년이 걸렸다. 지금도 정답은 잘 모르겠지만 단 하나의 진리는 알아냈다. '불행을 이겨내는 것은 결국 나의 몫'이라는 것이다. 아무리 훌륭한 조언과 따뜻한 도움도 본인의 의지가 담긴 결정적 한 걸음이 없다면 제자리를 벗어날 수 없다.

'Think Easy'. 내 좌우명이다. 인생을 허투루 살아서도 안 되지만 너무 어렵게도 생각하지 말자는 의미다. 두려움이 커지면 공포로 발전되듯, 작은 문제도 예민하게 고민하고 신경 쓰다 보면 더 심각한 문제로 번지기 때문이다.


## 긍정의 힘을 믿어라


'나는 다를 것이다.'

'나는 절대로 실패하지 않을 것이다.'

이와 같은 막연한 긍정주의는 조금 경계할 필요가 있다. 세상에 무조건 이뤄지는 꿈은 없다. 또 삶에서 벌어지는 많은 이들에 대해 자신이 행사할 수 있는 통제력을 과신해서도 안 된다. '나는 할 수 있으니 걱정하지 말라'고 스스로를 지나치게 맹신하다가 문제가 생기면 실패의 원인을 나 자신이 아니라 외부 요인으로 돌리기 급급한 사람도 여럿 봤다. 일명 '잘되면 내 탓, 안 되면 조상 탓' 식으로 현실 도피를 하다가는 감당하기 어려운 위기가 찾아왔을 때 무너지기 쉽다. 실력 또한 제자리걸음일 것이다.

그럼에도 불구하고 나는 긍정론자가 결국 세상을 바꾼다고 믿는다. 긍정의 힘은 무시할 수 없을 정도로 세다. 위험이 있음을 알면서도 도전하도록 돕고, 실수에 대해서도 '그럴 수 있다'며 관대하게 만든다. 실패를 통해 상처받고 좌절하기보다는 배움의 기회와 도약의 발판으로 삼게 한다. 고통스러운 과거와 불안한 미래에 매달리기보다 사소해보이는 일이라도 오늘 주어진 일에 열정과 신념을 가지고 움직이게 한다.

다시 말해 긍정은 어려운 시기를 극복하고 다시 일어날 수 있도록 한다. 포기하지 않고 새로운 도전과 시도를 할 수 있게 해주고, 또 다른 기회의 문을 열어준다. 한 사람이 가진 긍정의 힘은 주변 사람에게까지 뻗친다. '할 수 있다'는 마음가짐과 태도를 보면서 힘을 얻는다. 슬럼프에 빠져 있다면 무기력을 쫓아낼 동력이 돼준다.

"위기는 기회다"라는 말을 믿는다. 그래서 위기를 겪을 때마다 '이 시간만 넘어서면 또 멋진 스토리로 남겠구나'라고 생각한다. 실제로 첫 사업 실패 후 노숙자로 지냈던 경험을 흥미로워하는 기자들이 많았다. 그래서 2000년 당시 나를 소개하는 문구가 바로 '노숙자에서 코스닥 상장을 준비하는 성공한 기업인'이었다.

우리를 죽이지 못하는 것은 우리를 강하게 한다.

철학자 프리드리히 니체<sup>Friedrich Nietzsche</sup>의 말도 이와 같은 맥락
이다. 실패를 거듭하면서도 끝내 반전을 만들고야 말겠다며 다시
일어나는 사람이야말로 얼마나 강인한 사람인가.

# - 2장 -

## 누구나 한 번쯤
## CEO가 된다

경영 컨설팅과 〈씨이오톡〉에서 만난 수백 명의 사업가가 토로하는 공통적인 고민이 있다. 기업이 발전하려면 주인 의식으로 무장한 능동적인 직원이 필요한데 좀처럼 찾아보기 힘들다는 것이다.

여기서 CEO 마인드란 무엇을 말할까? 바로 '회사 일을 자기 일처럼 적극적으로 임하는 자세', 구체적으로 설명하자면 '기업의 목표와 지향점을 정확히 이해하고, 그 안에서 자신이 해야 할 일을 스스로 찾아 실행하는 태도'를 일컫는다. 즉, 마치 회사 대표인 마냥 전체를 조망할 줄 알고 조직에 필요한 일을 알아보고 행동에 옮기는 것이다.

그러나 문제는 진짜 CEO마저 CEO 마인드가 없는 경우가 다반사라는 것이다. 그런데 어떻게 직원들에게서 CEO 마인드가 있길 바라는가? 찾기 어려운 것이 당연하다.

대기업 직원들도 영원히 회사에 다니지 못하고, 가장 안정적인 직업인 공무원마저 정년퇴직하는 날이 온다. 100세 시대에 은퇴 후 아예 일을 하지 않는다면 모를까, 누구나 일생에 1번쯤은 CEO가 될 가능성이 있고 언젠가 CEO 마인드가 필요한 순간이 찾아올지도 모른다. 성공적인 인생을 꿈꾼다면 지금부터라도 어떤 일에든 주인 의식을 발휘해보겠다는 마음가짐을 가져보길 바란다.


## 나를 위해 일하라

개인적으로 'CEO 마인드'라는 단어 표현이 되레 불필요한 오해를 불러일으키는 듯하다. "모든 사람에게 CEO 마인드가 필요하다"고 하면, 이런 불만을 품는 사람이 많다.

'쥐꼬리만큼 월급 받는 일개 직원이 왜 CEO 마인드를 가져야 하지?'

CEO 마인드는 말 그대로 '대표가 되면 가져야 하는 것이 아니냐'는 의미인 것이다. 하지만 과연 그것이 옳은 말일까? 그저 그런

어제를 보낸 사람은 그저 그런 내일을 맞이할 뿐이다. 지금 달라지지 않는다면 앞으로도 달라질 것이라 기대하기란 어렵다.

사실 CEO 마인드는 조직에 대한 주인 의식뿐 아니라 업무에 대한 전문가 정신까지 포함한다. 예컨대 CEO 마인드가 모자란 사람은 자신이 맡은 업무를 자발적이고 적극적으로 하기보다는 위에서 시키는 일만 한다. 사람이 성장하려면 창의적인 생각과 행동이 필요한데, 남이 시키는 일만 기계적으로 하니 성장할 리가 없다. 게다가 스스로 생각해서 일하지 않고 수동적으로 임하다 보니 능률도 오르지 않고 성과도 떨어진다.

〈씨이오톡〉에서 맞춤형 임플란트 기업인 라파바이오의 김정한 대표를 만난 적 있다. 그는 원래 대성그룹 장손으로, 그룹 후계자가 될 수도 있었지만 밖으로 나와 자기만의 사업을 시작했다. 그가 직원들에게 자주 하는 말이 있다.

회사를 위해 일한다고 생각하지 말고, 스스로를 위해 일한다고 생각해라. 일은 자신의 이익을 위해서 하는 것이다.

김 대표의 말처럼 우리가 열심히 일해야 하는 이유는 회사 때문이 아니라 우리 자신을 위해서다. 스스로 역량을 키워 성장하기 위해서는 주어진 일만 하는 것이 아니라 주인 의식을 가지고 회사가 필요한 일을 적극적으로 찾아서 하는 노력이 필요하다. 그런 노력은 결코 회사 대표가 아닌 나를 위한 것이다.

한편 일각에서는 회사에서 맡은 업무가 너무 하찮아서 도무지 적극적으로 임할 마음이 들지 않는다는 사람도 있을 것이다. 예를 들어, 회사에서 커피만 타게 하고 복사만 시킨다면? 직원의 장점을 살려 적절한 업무를 맡기는 것도 대표의 몫이지만 조직이 크면 직원의 역량을 제대로 발휘하기 어려운 곳에 배치될 때도 있다. 이런 경우 나는 마음을 다르게 먹어보길 권한다. 남들이 하기 싫은 일을 하는 이 순간을 오히려 자신의 태도와 능력을 보여주는 기회의 장으로 만들겠다는 개념으로 접근해보는 것이다. 말하자면, 남들은 대충하고 말았던 커피 타기나 복사하기조차 성실히 수행하며 '이 친구는 역시 다르다'라는 평가를 끌어내보는 것이다.

사소한 것 하나라도 열심히 해서 '최고'라는 소리를 듣는 사람을 회사에서 그냥 내버려둘 리가 없다. 가치 없는 일을 하도록 내버려둔 것이 미안해서라도 다음에는 의미 있는 일을 줄 가능성이 훨씬 크다. 경영자의 관점에서 한번 생각해보자. 회사 내 궂은일을 할 사람이 필요한데 그 일을 맡기면 모두가 오래 지나지 않아 그만둔다. 그런데 어떤 한 사람만이 그 일에 끈질기게 매달릴 뿐 아니라 좋은 성과까지 가지고 왔다면 어떨까? 경영자로서는 그 사람에게 무슨 일을 맡겨도 잘해낼 것이라는 인상을 받을 수밖에 없다.

결과적으로 아무리 귀찮은 일이라도 일단 맡은 이상 최선을 다하는 모습을 보인다면 생각지도 못한 기회가 찾아올 것이다. 조직에는 늘 나를 지켜보는 눈이 있기 때문이다. 만약 최선을 다했는데도 좋은 대우를 해주지 않는 회사라면 차라리 그만두는 편이 나을 수 있다. 어떤 일도 성실하게 수행하는 사람이라면 하다못해 거래처 사장이라도 더 좋은 조건에 데려가려고 할 것이다. 이처럼 CEO 마인드로 무장하고 일하면 실력도 평판도 자연스럽게 쌓인다. 나로 인해 회사 매출도 자연스레 오르고, 내 몸값도 함께 오른다. 연봉 인상을 당당하게 요구할 수 있게 되고, 업계에 소문이 나 스카우트 제안도 받게 될 것이다. 결국 열심히 일해서 이익을 보는 사람은 나 자신이다. 그러니 열심히 하지 않으면 내 손해라고 생각하고 일하는 것이 좋다.

## 경쟁 대상을 이겨야 한다는 마음으로

대다수 CEO는 직원들이 주인 의식이 없다는 점에 불만을 토로하지만, 직원들도 나름대로 이에 대해 할 말이 있을 것이다. 있던 주인 의식도 사라지게 만드는 회사가 분명 있기 때문이다.

먼저 직원들이 노력하면 회사는 동반 성장할 수 있다는 믿음을 쥐야 한다. 직원 개인의 노력이 회사에 발전을 가져온다면 회사도 직원에게 보답하는 식으로 상생 구조를 형성해 성취의 기쁨을 모두가 누릴 수 있어야 한다. 이처럼 직원들이 주인 의식을 가지고 적극적으로 업무에 임하기 위해서는 리더의 역할도 그만큼 중요하다는 의미다.

2012년 때의 일이다. 원페이스는 '잘 알려지지 않았지만 질 좋은 화장품을 판매한다'는 전략으로 2009년 야심 차게 문을 연 화장품 인터넷 쇼핑몰이다. 원페이스의 김용회 대표는 20년 직장 생활을 마치고 받은 퇴직금을 친구 회사에 투자했는데, 일이 잘 풀리지 않아 울며 겨자 먹기로 원페이스를 인수하게 됐다. 거기다 창업한 지 4년이 지나도 회사 매출이 오르지 않아 고전을 면치 못하고 있었다.

마케팅 컨설팅을 위해 나는 김 대표를 만나 이야기를 나눴고, 문제 하나를 발견했다. 장기간 실패가 거듭되면서 직원들의 사기가 많이 떨어져 있었다. 회사에 대한 자긍심도 없어졌고 월급 받은 만큼만 일하자는 분위기가 지배적이었다. 분위기를 전환시킬 필요가 있어 충격요법을 시행하는 것으로 결론지었다.

기업 규모는 우리가 훨씬 작지만, 앞으로 우리 경쟁 상대는 업계 1위 '더페이스샵'으로 삼겠습니다. 지금부터 더페이스샵을 이기겠다는 각오로 업무에 임해주시기를 바랍니다.

다들 황당하다는 반응이었다. 예상했던 바였다. 하지만 경쟁 상대를 크게 잡지 않으면 직원들이 발전하지 않으리라 생각했다. 더불어 눈에 보이는 경쟁 상대가 있어야 그것을 기준 삼아 우리 실력이 얼마나 부족하고 어디까지 올려야 하는지를 가늠할 수 있을 거라 판단했다. 다만 말뿐인 경쟁 상대는 별로 도움이 되지 않는다. 나는 곧장 마케팅 계획을 짰다. 화장품은 홍보하기가 무척 까다로운 상품이다. 각자 피부에 맞는 화장품을 사용하는 경향이 있어서 섣불리 타사 제품을 선택하지 않기 때문이다. 또 개별 상품이라면 어떻게든 스타 마케팅이라도 해서 끌어볼 법도 하겠는데, 원페이스는 종합 쇼핑몰이었다. 홈페이지를 알리는 것 외에는 달리 방법이 없었다.

고민 끝에 택한 방법은 특정 기념일에 제품을 홍보하는 '데이 마케팅'이었다. 1년 365일 날마다 특별한 의미를 부여하는 방법이다. 예를 들어, 철도의 날과 화장품, 안중근 의사와 화장품 등을 엮어보는 것이다. 공통분모가 전혀 없는 둘을 하나로 묶는 마케팅이 상식상 불가능해보일 수도 있다. 하지만 이 점을 기회 삼는다면 반전을 일으킬 수 있을 거라 생각했다. 상식을 깨는 기발한 연결고리를 발견한다면 그만큼 주목받기도 쉬울 것이며, 중소기업이라는 약점을 보완할 수 있는 일종의 역발상 전략이 될 수도 있기 때문이다. 그런 이유로 '이날이 그런 의미였어?'라는 감탄이 나올 만한 데이 마케팅으로 승부를 걸었다.

우리는 '허그데이(12월 14일)'을 노렸다. 보통 화장품 기업들은 크리스마스에 연인들 대상으로 대대적인 마케팅을 펼치지만, 우리는 허그데이에 "아버지를 안아주면 화장품 선물을 드려요"라는 제목의 이벤트를 진행했다. 연말을 맞아 올 한 해 고생한 가장을 위로하는 이벤트로 보도자료를 작성해 언론사에 배포했다. 내용에는 경품으로 내건 화장품의 우수성을 강조했고, 행사 참가를 희망한다면 홈페이지를 통해 사진과 연락처를 남겨야 함을 알려 자연스레 홈페이지 접속과 회원 가입을 유도했다. 재미있는 이벤트라고 보여진 덕분에 기사로 다수 노출됐고 연말연시 적지 않은 수량의 화장품을 판매할 수 있었다.

다음 해 2월 14일도 마찬가지였다. 밸런타인데이를 앞두고 다른 화장품 회사들은 이성에게 선물하는 내용의 마케팅을 준비했다. 그날 마침 정월대보름이기도 해서 '부럼타인데이'라는 신조어로 대보름 세시풍속인 부럼 깨기 등을 연결한 이벤트를 선보이기도 했다. 여기서 우리는 차별점을 두고자 했다. 2월 14일이 '안중근 의사의 사형 선고일'이라는 역사적 사실에서 아이디어를 얻어 색다른 이벤트를 구상했다. 바로 연인과 함께 안중근 의사와 관련된 사진을 찍

결국 해내는 사람의 6가지 원칙

은 후 원페이스 공식 페이스북에 댓글을 달면 화장품을 주는 것이었다. 해당 이벤트 보도자료에는 다음 김용회 대표의 멘트를 첨부했다.

대기업을 포함한 제과업체들이 외국 기념일을 통해 초콜릿 판매에만 집중하고 있는 현실이 안타까웠다. 이날을 안중근 의사를 기리는 날로 만들고자 이번 이벤트를 마련했다.

우리 역사를 생각하는 좋은 기업이라는 인상을 주는 동시에 페이스북 친구를 늘리는 효과도 노렸다. 상품으로 제공되는 화장품이 얼마나 좋은지도 당연히 부각했다. 때마침 경기도교육청과 서울교육청이 역사 바로 알기 등에서 안중근 의사 사형 선고일을 기억하라는 신문 광고와 독서 캠페인을 진행했다. 덩달아 원페이스의 이벤트도 시너지 효과를 누렸다. 성공 경험을 누적한 원페이스는 이후로도 데이 마케팅에 박차를 가했다. 철도의 날에는 기차 여행에 얽힌 추억을 공유하는 이벤트, 여름에는 최악의 여름휴가 사연을 공모하는 이벤트, 가을에는 추석맞이 할인 이벤트 등 다양한 데이 마케팅을 펼쳤다.

성공 경험이 쌓이고 실제 매출로도 이어지자 직원들의 사기도 덩달아 올랐다. 언론사에 보낼 사진을 찍자고 하면 처음에는 고개를 숙이고 도망가기 바빴던 직원들이 이제는 자진해서 카메라 앞에 섰다. 마케팅을 진행할수록 매출이 오르는 작은 성취를 경험하면서 적극적으로 일하는 재미를 비로소 느끼게 된 것이다. 분명한 목표 설정, 성공 경험으로 직원들을 춤추게 했다. 원페이스의 가능성을 보며 비전을 만들어나갔다. 자신감과 활력으로 직원들의 주인 의식 을 날로 키웠다.

내가 싸울 대상이 누군지도 모른다면 그 싸움은 백전백패가 되기 쉽다. 직원들의 적극성과 주인 의식을 끌어내기 위해서는 선명한 경쟁 대상을 심어주는 것이 좋다. 경쟁 상대를 고를 때는 이왕지사 큰 상대를 고르는 것이 낫다. 그래야 실패해도 절반 정도의 성과는 이룰 수 있기 때문이다. 내가 즐겨 인용하는 말로 "나중에 고양이가 될지언정 호랑이를 생각하며 그려라"라는 말이 있다. 달성 가능한 목표를 세워 편하고 안전한 길만을 추구하다가는 언제까지고 제자리에 머물 뿐이다.

경쟁 상대를 알려주며 비전을 제시했다고 해서 CEO의 역할이 끝난 것은 아니다. CEO도 함께 싸워야 한다. 주인 의식을 가지고 열심히 일하라고 독려만 해서야 직원들의 사기를 끌어올릴 수 없다. CEO부터 승리를 위해서라면 무엇이든 제안하고 앞장설 때 회사와 직원이 하나가 돼서 앞으로 달려가는 이상적인 기업을 만들어 갈 수 있다.

## 배포가 커야 차별점이 생긴다

2013년, 당시 경영난으로 허덕이는 소상공인들의 문제가 사회 이슈로 떠올랐다. 생계를 위해 선택한 창업으로 빚더미에 올라 좌절에 빠진 사람들, 적자를 보면서도 이미 투자한 돈 때문에 포기하지 못하는, 다른 대안이 없어서 하루하루 힘든 시간을 보내는 수많은 소상공인의 사연을 직간접으로 접하며 안타까운 마음을 가지고 있었다.

그러던 어느 날, 지인을 통해 내게 도움을 요청한 곳이 있었다. 서울 강남구 논현동 뒷골목에 있는 베이커리 카페 보네르땅이었다. 당시 동네 카페에 불과하던 보네르땅에서 특별한 가능성을 엿봤다. 김명희 대표 때문이었다. 그는 일개 자영업자 또는 그저 빵집 사장 마인드를 가지고 있지 않았다. 그야말로 CEO 마인드를 갖춘 사람이었다.

김 대표는 비즈니스에 대한 욕심이 컸으며, 큰 그림을 그릴 줄도 알았다. 1호점을 낼 때부터 브랜드 아이덴티티 등에 각별히 신경 써서 상표 등록까지 마쳤다. 2호점, 3호점 계속해서 매장을 늘려나갈 생각이었기 때문이다. 그러나 1가지 치명적인 실수를 저질렀으니, 바로 입지였다. 베이커리 카페 특성상 많은 사람이 지나다니는 길가에 위치해야 하는데, 권리금이 없는 뒷골목 외진 곳에 오픈한 것이다. 유명 브랜드와 동네 빵집의 경쟁은 불 보듯 뻔했고, 나아질 기미가 없는 상황 속에서 힘과 의욕은 점점 사그라지고 있었다. 그리고 창업 후 3년 동안 노력해서 인근에 맛집으로 입소문이 나는 데까지는 겨우 해냈지만 딱 거기까지였다. 바로 근처에 스타벅스, 뚜레쥬르, 파리바게트 등 대형 경쟁 업체들이 생기면서 매출이 크게 줄어들기 시작한 것이다.

규모가 작고 경영난에 빠진 소상공인일수록 나는 더 공격적이고 큰 목표를 그리며 행동해야 한다고 생각한다. 그래야 어려운 상황에서 탈출하고 성장할 가능성이 높아지기 때문이다. 이러한 내 지론을 바탕으로 보네르땅을 성공 케이스로 만들고 싶었다. 특히 많은 자영업자에게 희망을 주는 롤모델이 됐으면 했다.

나는 '자영업을 하더라도 자영업자 마인드를 기피해야 된다'고 믿는 사람 중 1명이다. 앞서 언급한 주인 의식 없이 수동적인 직장인 마인드와는 조금 다르다. 여기서 자영업자 마인드는 불필요하게 의기소침하고 겸손한 것을 말한다. 이를테면 자신을 소개할 때 "작은 동네 카페 하나 하고 있어요"라든가, "작게 약국 합니다" 같이 스스로 가능성을 위축시키는 말을 하는 경우다. 600만 원의 빚으로 시작한 마산의 작은 동네 약국을 '13명 약사를 둔 대형 기협형 약국'으로 성장시킨 김성오 육일약국 대표의 사례에서 볼 수 있듯, 자영업의 성공도 마찬가지로 CEO 마인드에 달려 있다는 것이 내 신

결국 해내는 사람의 6가지 원칙

넘이다. 이것을 직접 증명해보이며 580만 명에 달하는 자영업자들이 자극받길 바랐다.

가장 먼저 보네르땅의 백화점 입점과 프랜차이즈화를 목표로 정했다. 둘 중 하나는 반드시 이뤄내리라 다짐했다. 적어도 확고한 개인 브랜드로는 자리잡을 수 있게 경쟁 상대는 뚜레쥬르와 파리바게뜨로 정했다. 이후 브랜딩을 새롭게 다잡았다. 일반 동네 빵집을 넘어서려면 보네르땅의 대표 이미지가 필요했다. 특히 백화점 입점을 염두에 두려면 고급스러움을 갖춰야 했다.

고민 끝에 선택한 주력 상품은 당근 케이크였다. 건강과 맛을 동시에 잡는 상품을 개발하는 한편, 당근 붐을 일으킬 만한 마케팅을 기획했다. 2014년 8월, 서울시청내 시민청 다누리매장 앞에서 서울산업진흥원과 함께 '당근 케이크로 만드는 달콤한 미소 콘테스트'를 진행했다.

그해 4월에 세월호 참사가 벌어지며 많은 사람들이 무력함과 슬픔에 젖어 있었다. 그래서 맛있는 케이크를 먹으며 미소를 되찾기를 바라는 마음을 담아 케이크를 맛있게 먹는 참가자들을 강희갑 작가가 촬영한 후 보정·인화해서 제공하는 기획을 선보였다. 다만 당시 시청 앞 광장에서 연일 집회가 벌어지고 있던 터라 자칫 행사 진행이 어려울 수도 있겠다는 걱정이 있었다. 그러나 이미 여러 언론사를 통해 소개됐기 때문에 이날만을 기다리고 있던 사람들의 약속을 저버릴 수는 없었다.

누구나 무료로 참여할 수 있는 콘테스트였던 만큼 당일 서울시청 행사장에는 사람들로 가득했다. 길게 줄이 늘어섰을 뿐 아니라 호응도 꽤 컸다. 덕분에 보네르땅은 사람들 사이에서 '당근 케이크 전문점'으로 각인됐다.

계속해서 이 이미지를 굳히려면 이벤트 1번으로는 부족했다. 우리는 서울시가 주최하는 '빵빵빵 축제'에 주관사로 참여했다. 전국 아티스트들이 빵을 소재로 예술 작품을 만드는 축제였는데, 주관사로서 보네르땅은 재료로 쓰일 빵을 제공하기로 했다. 보네르땅이라는 동네 빵집이 서울시가 주최하는 대형 행사의 주관자로 큼직하게 이름을 알리는 동시에, 당근을 재료로 하는 빵과 케이크를 만드는 베이커리 중 가장 믿을 만한 곳으로 기억될 수 있는 좋은 기회였다. 그러기 위해서는 실제로 빵과 케이크의 품질을 끌어올릴 필요가 있었다.

나는 뛰어난 품질의 당근 생산지로 유명한 제주 구좌농협과 접촉했다. 구좌읍은 2011년부터 '구좌향당근 명품화 사업'을 진행했는데, 2014년 7월에는 구좌농협도 출자한 제주 당근 가공품 전문 마케팅 법인 '아임제주'가 출범했었다. 구좌읍 향당근의 공동 마케팅 사업자가 되고 싶다는 제안을 하자 담당자는 대기업도 이와 같은 제안을 해왔는데 자신들이 보네르땅과 손을 잡아야 할 특별한 이유가 있는지 물었다. 나는 다음과 같이 답했다.

> 대기업에서는 이 프로젝트가 여러 개 중 하나일 테지만, 우리는 이 프
> 로젝트에 전부를 걸었습니다. '온리원' 정신의 파트너와 '원 오브 뎀'으
> 로 접근하는 파트너, 둘 중 누구와 함께 일하시겠습니까?

열정적으로 덤비는 모습에 보네르땅은 후한 점수를 받았고, 결
국 아임제주와 공동 마케팅 제휴 협약을 맺었다. 이 사실이 언론을
통해 알려지자 '제주도가 인정한 향당근으로 빵을 만드는 공식 베
이커리'라는 브랜딩이 생겨났다.

백화점이 인정하는 빵집이 되려면 남들과 달라야 한다. 그렇다
면 제주도 명품 당근으로 대한민국 최고의 당근 케이크를 만들어
야 한다. 이 말을 들으면 대부분 '동네 빵집이 하기는 무리한 계획이
다. 어느 누가 서울의 작은 빵 가게와 협약을 맺겠는가'라며 가능성
에 의문을 제기했을 것이다. 하지만 놀랍게도 이 계획은 현실이 됐
다. 아무리 어려운 문제라도 반드시 풀겠다는 마음으로 임하면 된
다. 목표를 세우고, 그 목표를 달성할 방법을 여러모로 궁리하다 보
면 의외로 쉽게 풀린다. 그렇지만 대다수의 사람은 목표를 세우기
보다 현실 가능성부터 따지며 스스로 기회를 축소시킨다. 또는 목
표와 방법까지 다 세워놓고 실행하기를 주저하며 제자리에 머문다.

2022년, 81억 달러(약 10조 원)의 매출을 기록한 글로벌 기업 암웨이Amway 창업주 제이 앤델Jay Andel 과 리치 디보스Rich DeVos 는 '실패의 아이콘'으로 불릴 정도로 처절하게 실패해본 이들이다. 항해법도 모르면서 범선을 타고 캐리비안 항해에 나서며 무모하다는 비판도 받았다. 사업 수완이 딱히 좋은 것도 아니었다. 햄버거 좌판, 비행기 전세 사업, 보트 사업 등 여러 방면에서 숱한 시행착오가 있었다. 그럼에도 불구하고 성공하기 위해 무엇이 필요한지를 생각하고 실행했다. 실패를 두려워하지 않는 도전 정신과 열정으로 암웨이는 100여 개 국가에 진출한 글로벌 기업이 될 수 있었다.

보네르땅은 아쉽게도 큰 성공을 거두지는 못했다. 세월호 참사에 이은 메르스 사태 등으로 매출이 날마다 40퍼센트씩 감소했고, 김명희 대표에게 건강상의 문제까지 생겼다. 하지만 동네 빵집을 대형 프랜차이즈로 만들기 위해 김 대표가 했던 수많은 시행착오는 분명 어딘가에서 반드시 보상받을 것이라 믿는다. 성공을 향한 그의 여정은 여전히 현재 진행형이기 때문이다.

수평선 너머에 있는 섬에 가고 싶다면 일단 배부터 띄워야 한다. 항로는 가면서 얼마든지 바꿀 수 있다. 그러나 육지에서 지도만 보고 있다면 결코 섬에 도달할 수 없다.

# "그들은 왜
# 성공할 수밖에 없는가"

〈815머니톡〉에서 만난 투자 대가 4인

20대 후반 창업한 이후, 내가 만난 사람 대부분은 사업가였다. 〈815머니톡〉을 운영하면서부터는 뛰어난 투자 전문가들도 많이 만날 수 있었다.

'진짜 성공'한 투자자를 여럿 만나면서 느낀 점은 성공한 사업가와 같은 점이 생각보다 많다는 것이었다. 첫째로 이들은 감정을 다스릴 줄 알았다. 둘째, 넓은 시야로 폭넓게 사고하는 능력이 뛰어났다. 셋째, 자신이 원하는 정보를 얻기 위해 끈질기게 매달릴 줄 알았다. 넷째, 다른 사람의 말에 휘둘려 성급하게 포기하거나 좌절하지 않았다. 마지막 다섯째, 작은 실패보다 큰 성공을 꿈꾸며 자신의 결정을 믿고 인내하며 버틸 줄 알았다. 이 모든 것이 성공한 사람들의 공통점이다.

가장 중요하게 살펴봐야 할 공통점이 있다. 실패를 대하는 태도다. 특히 성공한 투자자는 자신들이 매번 성공할 수 없다는 사실을 잘 알고 있다. 주식의 경우, 기업의 실적 외에도 국제 정세 변화나 환율, 전쟁, 산업 트렌드의 변화 등 영향을 받는 요소가 너무나 많기에 아무리 투자 대가라 해도 미래 주가에 대한 예측은 때때로 틀릴 수밖에 없다. 미국 월가의 전설적인 투자자이자 '주식의 신'으로 불리는 피터 린치Peter Lynch 도 10번 중 4번은 틀렸다고 하니, 실패는 너무나 당연한 일인 셈이다. 그래서 뛰어난 투자자일수록 실패를 담담하게 대할 줄 안다.

이들은 실패할 때는 적게 잃고, 성공할 때는 크게 버는 방식을 취한다. 최종적으로는 인생을 걸고 치르는 투자 전쟁에서 승리하는 것을 목표로 한다. 승률을 높이고 패배 시 위험 요소를 최소화하는 저마다의 전략을 쓰고 있는데, 방법은 단순하다. 스스로의 장단점을 파악해 장점은 극대화하고 단점은 최소화하는 것이다. 투자자 각자의 기질과 성향 차이, 지금껏 어떤 성공과 실패 경험을 했는지에 따라 전략은 천차만별이다. 그렇기에 투자 대가의 방법이라고 해서 무조건 따라 하기보다는 자신에게 맞는 투자법을 고민해보는 것이 좋다.

그런 의미로 〈815머니톡〉에서 만난 인상 깊은 투자 대가들을 소개해볼까 한다.

• • •

첫 번째로 소개할 투자 대가는 투자사 스마트인컴 대표이자 '주식 농부'라 불리는 박영옥이다. 박 대표는 자신의 투자 철학을 '농심 (農心)', 즉 농사짓는 마음이라 표현했다. 좋은 씨를 골라 질 좋은 땅에 뿌려 시간과 공을 들여 키우면 어느새 알알이 맺힌 곡식으로 가득 찰 것이라는, 쉽게 말해 현재 저평가받고 있는 가치주를 발굴해 제 가치를 찾을 때까지 오래 보유해 큰 수익을 기대하는 것이다. 당대 최고의 투자자로 꼽히는 워런 버핏Warren Buffett의 투자 전략과 일맥상통한다.

실제 그의 조언을 살펴봐도 "3~4년 동행할 수 있는 성장주에 투자하라"거나, "중·고등학생 아이들에게 주식을 사주고 그들이 성인이 됐을 때 어느 정도 부를 축적하도록 하라" 등 기다림의 미학을 강조한다. 이런 가치주 투자를 통해 그는 자본금 4,500만 원을 2,000억 원으로 불리고, '주식 농부'라는 별칭까지 얻었다.

박 대표의 특출난 점은 수년 뒤 크게 성장할 기업을 씨앗 수준일 때 발굴하는 안목, 그리고 해당 기업이 제 가치를 찾을 때까지 관심을 놓치지 않는 인내다. 충분히 무르익을 때까지 기다리고, 그 기다림의 시간 동안 쉽게 흔들리지 않는 확고한 자기 신념은 그중에서도 으뜸이다. 그는 곡식이 올바르게 자라기 위해서는 씨를 뿌릴 때부터 수확하기까지 적지 않은 시간과 정성을 들여야 한다는 점을 아주 잘 알고 있다. 그렇기에 자신이 믿고 있는 가치를 세상이 알아줄 때까지 묵묵히 기다리고 또 기다린다.

말로 들었을 때는 굉장히 쉬워 보인다. 그러나 실제로 행하기에는 어려운 점이 많다. 주식은 변동성이 큰 위험 자산이고, 하루에도 큰 폭으로 오르내리기 때문이다. 그래서 자신이 원하는 결과가 올 때까지 견디는 것 자체가 어려운 일이다. 웬만큼 단단한 자기 확신이 없다면 쉽게 해낼 수 없다. 게다가 기다림의 시간이 생각했던 것보다 훨씬 더 길어질 수 있다는 점도 염두에 둬야 한다.

이러한 투자 방식을 취하려면 지식도 지식이지만 마인드가 특히 중요하다. 주변의 이야기에 휘둘리지 않는 단호한 태도, 잦은 변동성에도 초연하게 5년 이상 장기 투자할 수 있는 평정심이 있는지 스스로에게 먼저 물어보자.

· · ·

둘째로 '12조 원 펀드를 굴려본 큰손' 서재형 대표다. 국내에서 가장 큰 규모의 펀드를 굴려본 전문 투자자 출신이며, 자산운용사 대표로도 지냈으니 펀드 매니저로서의 실력은 이미 검증된 셈이다. 이런 전문성을 바탕으로 투자를 진행해 주변의 평가나 주식 변동성 등 사소한 흐름에 흔들리지 않는다. 또한 외국이나 기관 투자가의 투자 패턴과 습성을 잘 아는 것이 그의 큰 장점이라 할 수 있다. 예컨대 펀드가 종목을 교체할 때 어떤 방식으로 사고파는지, 기관 투자가의 연말 '윈도 드레싱Window Dressing, 펀드 매니저가 성과 평가를 위해 특정 주식 종목을 집중 매입 또는 처분해 투자 수익률을 끌어올리는 행위'이 어떤 모습으로 이뤄지며 시장에 영향을 미치는지 등을 잘 알고 있기 때문이다. 주식 시장을 움직이는 주체가 외국인과 기관, 그리고 개인 투자자인 상황에서 "적을 알고 나를 알면 백전백승"이라는 구호를 확실하게 실현할 수 있다.

서 대표는 업에 대한 이해가 아주 뛰어나다. 전문적이고 체계적인 분석법에 따라 기업의 가치를 합리적이고 객관적으로 평가한다. 아울러 단순한 종목 분석을 뛰어넘어 거시경제(매크로) 속에서 해당 기업의 위치와 가치 등을 평가하는 통찰력을 보유하고 있다. 예를 들어 미국과 중국의 패권 전쟁으로 인해 미국을 중심으로 한 서방 진영과 중국-러시아를 중심으로 한 반서방 진영으로 세계가 블록화되는 과정에서 "우리나라 반도체와 이차 전지 산업은 반서방 진영에 대항할 수 있는 무기가 될 수 있어 산업의 성장 여력이 클 것이다"라는 그의 명쾌한 해석은 전매특허다. 거시경제와 미시경제를 결합해 큰 틀에서의 산업 변화를 조망하는 점에서 배울 부분이 매우 많다.

서 대표의 투자 방식은 박영옥 대표와 비슷하게 중장기적인 관점을 취한다. 다만 박 대표가 저평가 가치주를 찾아 제값이 올 때까지 기다리는 것이라면, 서 대표는 세상의 변화 속에서 누가 가장 큰 수혜를 입을 것이냐는 '탑다운' 접근이라는 점에서 차이가 있다.

. . .

셋째로는 공매도의 전설 '데이짱' 김영옥 투자자다. 처음부터 그가 투자 고수였던 것은 아니다. 계좌가 깡통이 되기도 하고, 노숙자 생활을 전전하기도 했다. 처절하게 깨지면서 실력을 갈고닦았다. 생존을 위해 노력했던 지난한 세월 끝에 여기까지 왔다.

보통 개인 투자자는 주식을 할 때 어떤 종목을 사야 할지에만 집중한다. 종목 분석을 치밀하게 진행해서 좋은 주식을 사는 것에는 심혈을 기울이는 데 반해, 정작 파는 것에는 별다른 전략이 없다는 의미기도 하다. 하지만 수익률을 결정짓는 요소에는 사는 것도 물론 있지만 '언제 어떻게 팔지'도 있다. 성장주를 초기에 잘 산 것까지는 좋아도 성장이 꺾이는 순간도 모른 채 지고지순하게 보유하고만 있는 사람, 성장이 꼭짓점에 달한 최적의 타이밍에 매도한 사람,

이 둘의 투자 수익률은 크게 차이 날 수밖에 없다.

김영옥 투자자는 이 '매도의 기술' 측면에서 국내 최고라고 부를 수 있는 사람이다. 한마디로 압도적인 개인기로 성공을 일군 셈이다. 특히 파는 시점에 대한 예리한 감각으로 전문 투자자의 영역으로 불리는 공매도에서 엄청난 수익을 내며 주목받았다.

공매도는 개인 투자자가 하기에 어려운 투자에 속한다. 그래서 초보자에게는 절대로 권하지 않는다. 원금만 잃고 끝나는 주식 투자와 달리 원금을 넘어서는 막대한 손해까지 낼 수 있는 것이 바로 공매도이기 때문이다. 그런 영역에서 그는 당당히 국내 최초로 개인 투자자의 실전 공매도 기법에 관한 책까지 출간했다. 그만큼 최상급 트레이딩 실력을 갖췄다고 볼 수 있다. 만약 트레이딩에 어느 정도 재능이 있고 관심 있는 투자자라면 그의 경험과 매수·매도 기법을 탐구함으로써 실력을 키워보는 것도 하나의 방법이 될 수 있겠다.

• • •

마지막으로 소개할 투자 대가는 베스트인컴 대표이자 '국내 최상위 슈퍼개미' 남석관이다. 남 대표는 국내 주식 시장에서 최적화된 투자법 중 하나로 꼽히는 모멘텀 투자의 대가다. 더 나아가 국내

결국 해내는 사람의 6가지 원칙

산업과 기업에 대한 높은 이해도를 바탕으로 뉴스 등의 외부 자극이 주가에 어떤 영향을 주는지 치밀하게 파악하고, 주도주를 선별 투자해 수익률을 극대화하는 것을 목표로 한다. 긴 호흡이 필요한 중장기 투자뿐 아니라 순간의 판단과 거래 속도가 생명인 단기 투자의 실력 모두 상당하다. 단연 국내 최상위 개인 투자자라 불릴 만하다.

남 대표는 20년 이상 한 해도 잃지 않은 투자자로도 유명한데, 그 비결은 매일매일 작성하는 투자 일지다. 한 번 실수는 누구나 할 수 있다. 하지만 두 번 실수는 습관이다. 이 생각으로 그는 실패를 철저하게 복기한다. 기록들은 자신의 투자 패턴을 살펴보는 데도 유용하다. 자신이 어떤 투자를 잘하는지, 반대로 어떤 투자에 취약한지를 파악해 자신만의 승리 법칙을 만들어나갈 수 있다.

실패를 철저하게 파악하는 것은 투자든 사업이든 굉장히 중요하다. 실패의 원인을 운으로 돌리고 언젠가는 다 잘될 것이라는 막연한 환상으로 매달리는 일만큼 성공에 해로운 일도 없다. 실패했다는 판단이 든다면 왜 실패했는지, 문제는 무엇이었을지, 어떻게 해야 더 좋은 결과를 낼 수 있을지 등 스스로에게 갖가지 질문들을 던져봐야 한다.

실패를 되돌아보는 것이 처음에는 뼈아플 수 있다. 그러나 문제 원인을 다양한 각도에서 살피고 평가하다 보면 오히려 사람들이 흔히 겪게 되는 자책의 늪에서 빠져나오는 원동력이 되기도 한다. 실패를 인정하고 이유를 분석하는 일련의 과정을 통해 다시 딛고 일어선다면 똑같은 실수를 반복하지 않겠다는 굳은 결심을 하게 될 것이다.

실패에서 배운 교훈과 문제 해결법을 꼼꼼히 기록해두자. 기록들이 더해진다면 실패는 더 이상 걸림돌이 아닌, 내 실력을 키우는 수단이자 훗날 요긴하게 쓰일 나만의 무기가 될 것이다.

# 상생

: 도움받고 줄 때를 알아라

## - 1장 -

## 돈과 명예로
## 대체할 수 없는 것

이전에는 나 역시 세간의 기준대로 돈을 많이 벌기 위해 또는 사업의 규모를 키워 이름을 떨치기 위해 쉼 없이 달렸었다. 하지만 타인을 돕고 서로 소통하며 느끼는 만족감은 돈이나 명예를 통해서 얻을 수 있는 것과 차원이 다르다는 것을 경험하고는, 사업가와 기업을 서포트하는 일에 수년간 매진했다.

과거 사업적으로 성공했던 그 어느 때보다도 큰 내적 만족감과 보람을 느끼며 살아가고 있다. 투자 성공을 외치는 사람들에게 도움을 줄 방법을 궁리하고, 실력과 진정성을 겸비한 경제 전문가들을 발굴하고, 이들의 조언을 사람들에게 좀 더 쉽고 직관적으로 전달하려고 애쓰는 하루하루가 무척이나 즐겁다.

일각에서는 이렇게 일하는 방식을 두고 '돈도 안 되는 일을 왜 그렇게 열심히 하느냐'고 타박하기도 했다. 나는 완전히 손해 보는 장사라고 생각하지 않는다. 그저 우리 모두 상생할 수 있는 길이 있다는 확신이 남들보다 강할 뿐이다. 사람들이 꿈을 이룰 수 있도록 마음을 다해 돕고, 그렇게 우리가 서로 목적한 바를 달성할 수 있다면 더 큰 비즈니스의 기회가 자연스레 찾아올 것이라 믿는다.

## 사람과 사람으로 이어지는 투자 생태계

한때 시가총액이 100조 원에 육박했던 글로벌 기업 에어비앤비 Airbnb 는 창업 초기에 사무실 임대료가 월 3,500달러인데 '월 4,000달러만 벌자'는 매출 목표를 세웠다. 1개월을 고작 500달러로 버티자는 이야기였다. 그마저도 이루지 못해 카드 대출로 겨우 돌려막고, 카드 빚을 갚기 위해 시리얼을 만들어 팔 때도 있었다. 위기 상황에도 포기하지 않는 바퀴벌레 같은 생존력을 보여주면서 그들의 근성을 증명했다. 이를 유심히 지켜보던 와이컴비네이터 Y Combinator 는 에어비앤비에 필요한 자금을 투자해줬다. 와이컴비네이터가 없었다면 아마도 에어비앤비는 탄생하지 못했을 것이다.

말도 안 되는 목표여도 그 속에서 일말의 가능성을 보여주는 곳에 과감하게 투자해 결과를 만들 기회를 선사하는 미국의 혁신적인 투자자들과 생태계가 내심 부러웠다. 그래서 이를 근거 삼아 '국내에도 이 같은 문화가 형성돼야 한다'고 방송 인터뷰와 더불어 투자자 클럽 모임에서 강조하고 다녔다.

잠깐의 실수로 사업이 주춤할 때 누군가 잡아주지 않으면 힘없이 무너지게 된다. 후유증으로 아예 일어서지 못하거나 상당히 오랫동안 고통받기도 한다. 나는 디딤돌이 부족한 우리 사회의 구조적 문제가 수많은 가능성을 내다 버리고 있다고 생각했고, 이것을 대대적으로 변화시키고 싶었다. 비슷한 경험을 해본 내가 절대로 모른 척할 수 없는 중대한 일이기도 했다.

우리 사업 문화가 이대로는 안 된다는 절박함도 있었다. 즉, 지금 당장 잘나가는 사람이나 기업에는 앞다퉈 투자하려 들지만 가능성만 무한한 기업에는 좀처럼 관심 두지 않는 지배적인 상황에 대한 불만이 있었다. 수익 날 만한 곳에 투자하는 것이 언뜻 보면 당연할지라도 멀리 보면 공멸을 초래할 수도 있기 때문이다. 건강한 생태계가 조성되려면 반드시 '상생'이 뒷받침돼야 한다. 가능성 있는 기업과 기업가를 찾아 성장하도록 도울 때 더 큰 이득이 생기는 비즈니스 모델을 만들고 이를 증명해나가겠다고 결심했다.

실제로 '천사 프로젝트'를 통해 컨설팅 교육으로 기업들을 도왔다. 이후로는 회사의 마케팅을 내가 직접 기획·실행하면서 눈에 보이는 성과를 만들고 투자 유치까지 이어가겠다는 계획을 세웠다. 과거 기업을 상대로 이러한 서비스를 제공했을 때 많게는 연간 수억 원을 받았는데, 내가 담당하던 프로젝트 대상들은 예전에 받던 보수의 1퍼센트도 감당할 수 없는 곳들이었다. 그래서 보수를 회사 지분으로 받았다. 마케팅 컨설팅 비용을 주식으로 받으면서 투자하는 형식을 취한 것이다. 지분 계산은 대표에게 온전히 맡겼다.

대표는 자신의 기업에 대해 가치를 높게 평가하는 경향이 있다. 애정과 꿈이 크기 때문이다. 애정과 꿈이 크기에 가치를 높게 평가한다. 적자를 보고 있어도, 답이 없어 1년 후에는 문 닫을 것이 자명한 데도 30억 원, 60억 원이라는 금액을 입에 올렸다. 일반적인 회계사나 벤처캐피털에서 보면 10퍼센트도 인정해주기 어려운, 또는 아예 투자 검토 대상이 되지도 않는 경우가 대부분이었다. 하지만 나는 그들의 가치를 그대로 믿어주기로 했다. 남들도 이 가치를 인정할 수밖에 없도록 이 기업을 더욱 키우겠다는 목표를 세웠다.

성공 가능성을 높이기 위해 '815'라는 공동 브랜드를 사용했다. 작은 기업들을 연합함으로써 소기업의 부정적 이미지를 깨는 동시에 브랜드 인지도와 신뢰도를 높일 수 있는 전략이었다. 매출에도 당연히 긍정적인 효과가 있었다. 또 각 기업이 개별적으로 투자받지 못한다 해도 이 비즈니스 모델을 통해 새로운 가능성을 보여줄 수 있다면 내가 직접 투자를 받아 성장 목표를 달성하는 기업들에 연결해주고자 했다. 달걀로 돌을 깨려는 무모한 도전이 시작된 것이다.

이러한 내 계획을 알린 지 3개월 만에 10곳, 총 12곳의 스타트업 기업이 동참했다. 이들을 상대로 성공 케이스를 만들고 이후 추가적으로 기업들을 늘려갈 생각이었다. 일명 '815프로젝트'로, 815스쿨, 815푸드, 815케어 등 상호를 바꾼 연합 기업들을 배출했다. 이후 4년간 815프로젝트를 성공적으로 이끌고자 12곳 기업들과 다양한 시도를 했고 에너지를 쏟았다. 첫해부터 대부분 기업에서 매출이 큰 폭으로 증가하는 등 기대한 만큼의 긍정적 데이터를 만들어냈다. 이것을 근거로 벤처캐피털에 '투자가 이뤄진다면 더 빠른 속도로 성장할 수 있다'는 말과 함께 프로젝트의 의미와 성과를 설명했다.

현실은 어려워도 자신이 하는 사업 분야에서 승자가 되겠다는 열정을 잃지 않는 사업가들이 꼭 있었다. 나는 그들의 열정이 계속 유지된다면 당장은 넘어지거나 오랜 시간이 걸리더라도 끝내 성공하리라 믿었다. 그러기 위해서는 그들에게 충분한 투자가 이뤄져야 시간 낭비하지 않고 성공을 앞당길 수 있겠다는 판단이 들었다.

여러 벤처 투자자를 만나 우리 그룹의 사업가들을 소개하며 투자 의향을 물어봤지만 돌아오는 대답은 항상 "노(No)"였다. 사업 아이템이 소위 트렌드를 이끌 '핫'한 것이 아니라는 것과 지금 당장 투자를 고려할 만한 눈에 띄는 성과를 거두지 못하고 있다는 것, 그리고 학벌을 포함해 뛰어난 경력이 없다는 점이 주된 이유였다. 때로는 "이류는 모여봐야 이류"라는 비아냥도 들었다. 시장 경제 시스템에서 지금 잘되는 사업, 인기 높은 아이템에 관심과 투자가 몰리는 것은 당연하다. 그러나 당장의 성과가 없더라도, 인기 있는 사업 아이템이 아니더라도, 사업가 자체의 미래 성공 가능성을 평가하고 투자하는 평가 시스템이 없다는 점이 아쉬웠다.

거기에 상황마저 좋지 않게 흘러갔다. 투자자들의 외면 속에서 세월호 참사, 메르스 사태 등 악재들이 연이어 터졌다. 소비 침체가 시작됐고 사업 환경은 악화일로를 걸었다. 애초부터 자금이 부족한 곳들이라 타격은 훨씬 심각했다. 내가 가진 돈을 모조리 지원하며, 심지어는 빚까지 내어가며 이 고통스러운 기간을 함께 버텨보자고 격려했다. 가능한 기업에서 돈이 들지 않는 창의적인 마케팅으로 성과를 내며 모두가 사기를 잃지 않도록 갖은 애를 썼다. 제품이나 서비스의 품질을 높이기 위해서라도 다양한 시도를 멈추지 않았다. 힘든 시기에도 더 나은 내일을 위한 준비를 하며, 언젠가 찾아올지 모르는 미래 투자자들에게 증명할 수 있는 기회로 삼았다.

감사하게도 대표들 대다수는 이러한 내 의도를 이해해주고 잘 따라줬지만, 여러 해가 지나며 몸과 마음이 지쳤다며 쉬고 싶다는

결국 해내는 사람의 6가지 원칙

사람들도 생겨났다. 그들의 개인 사정과 심리를 너무도 잘 알고 있기에 쉬면서 다시 힘을 비축해보자고, 함께 보낸 시간을 통해 경험한 것들을 잊지 말고 다음 번 도전에서 꼭 활용해보라고 떠나보내기도 했다.

그 와중 몇몇 기업에서는 의미 있는 성장을 이뤄냈다. 투자자들도 여럿 있었다. 시간이 지날수록 내가 가진 회사 지분이 걸림돌이 됐다. 새로 유입된 투자자들은 자신들이 주요한 인물로서 그 기업의 성장을 끌고 나갈 생각이었던 것이다. 이러한 고민을 털어놓는 대표들에게 "그 투자를 받으면 성공할 수 있겠느냐"고 묻자, "솔직히 이 기회를 놓치고 싶지 않다"는 대답이 돌아왔다. 서운한 마음도 있었지만 한편으로는 이해도 됐다. 나는 그 자리에서 주식 포기 계약서를 작성했다. 정말로 모든 주식을 포기할 줄 몰랐던 그들은 당황해했지만, 나는 진심으로 성공하길 바란다며 자리를 떴다.

약자들도 성공이라는 희망을 품을 수 있는, 새롭고 역동적인 투자 생태계를 만들고 싶다는 내 목표는 이렇게 마무리됐다.

## 무모한 도전이 누군가의 희망이 되다

815 연합 기업들의 존재를 알리고 투자를 받기 위해 고군분투하

던 중에, 어떤 사람은 너무 이상적이라 성공할 수 없다고 했고, 어떤 사람은 응원은 하지만 윗선을 설득할 수 없는 현실에 대해 안타까워했다. 이루고자 했던 꿈과 목표는 원대했는데 그것을 현실로 만들어나가는 과정을 함께할 동지가 없던 것이 내가 성공하지 못한 이유이자 실수였다는 자책을 했다.

그러던 2018년 겨울, 전화 한 통이 걸려왔다. 청와대 행정관이었다. 정부에서 시니어 창업을 활성화시키기 위한 교육 과정을 준비하고 있다며, 그 창업 교육 과정에 교수진으로 참여해달라는 요청이었다. 정부 창업 프로젝트가 잘되려면 '임수열'이라는 사람이 꼭 있어야 한다고 당시 중소기업청 관계자가 추천했다고 한다. 다만 교육 과정을 준비할 시간적 여력이 없던 나는 아쉽게도 특강 형태로 진행할 수밖에 없었다.

이후로도 정부 관계자나 민간 창업 전문가들로부터 내가 진행했던 815프로젝트에서 영감을 얻어 다양한 프로젝트를 시도하고 있다는 말을 건너 들었다. 여러 기업이나 기관들에서 주식을 받고 사무실을 제공한다든지, 실패한 사업가들을 위한 패자부활전 투자가 이뤄지는 등 새로운 방식들이 도입되고 있었다. 이러한 이야기를 통해 내가 한 무모한 도전들이 마냥 실패한 것만은 아니라는 안도가 들었다.

희망을 안겨주는 상생의 투자 생태계를 만들겠다는 내 목표는 또 다른 누군가에게서 펼쳐지고 진화되면서 조금씩 이뤄지고 있다. 내 작은 움직임이 훌륭한 결과를 끌어냈다는 사실에 그저 기쁠 따름이다.

- 2장 -

# 성공하는 사람의
# 생존 법칙

시대에 맞는 아이템을 잘 선택한 사람, 개인 능력이 탁월한 사람, 돈과 인맥이 풍부한 사람, 운 좋은 사람. 성공하는 사람들은 배경부터 다르다고 느껴질 것이다. 그러나 그보다 중요한 것은 여태까지 강조한 '포기하지 않는 자세'다.

이들이 걸어온 성공의 길을 보면 그 특징이 두드러진다. 자신감과 기대감으로 시작한 첫 사업 또는 첫 번째 아이템이 곧바로 성공한 경우는 거의 없다. 시장과 고객에게 몇 번이고 외면당하는 실패를 맞닥뜨리고, 이후로도 좌절하지 않고 절박한 마음으로 어떻게든 생존 방법을 찾는다. 결국에는 새로운 길을 발견하고 그 길을 넓혀

나감으로써 성공했다.

미래에 성공할 사람을 알아보는 내 판단 기준은 그래서 '지금 성공하고 있느냐'가 아니다. '실패했거나 어려운 상황에도 처음 시작할 때 가졌던 성공에 대한 열정과 자신을 유지하고 있는지'다.


## 실패해본 사람이 더 성공하는 법

7년간 방랑 생활을 하던 중에 친해진 A라는 동생이 있었다. 어느날 그가 자기 아버지에게 큰일이 생겼다며 내게 연락했다. 당시 군대를 막 제대했던 A가 도움을 요청할 수 있는 사람은 나밖에 없었다. 이야기를 들어보니 A의 아버지가 공작기계 등을 리스 후 공장에 설치하려는 과정에서 과거 세무서의 행정 실수로 공장에 압류가 들어왔던 기록이 발견됐고, 금융기관 측에서 리스 계약을 파기하겠다고 나선 것이었다. 이렇게 되면 공장 문을 닫아야 하는 처지였다.

그런 A에게 내가 제시한 방법은 정공법이었다. 실수한 세무서로부터 실수 확인서를 받아 리스 회사에 제출하고, 압류 기록 자체를 무효로 만들어 리스 계약을 파기하는 것은 불공정하다고 주장해보라고 했다. 하지만 작은 공장을 근근이 운영해온 터라 세무서를 어렵게만 여겼던 A와 그의 아버지는 "세무서가 왜 그런 서류를 만들어주겠느냐"며 회의적으로 반응했다.

어쩔 수 없이 내가 직접 세무서와 협상했다. 어렵게 담당자를 만나 행정 실수 확인서를 만들어달라 요청했더니, 기겁하며 "그런 서류 자체가 없다"며 손사래를 쳤다. 만에 하나 그런 서류가 있더라도 함부로 작성해줬다가 손해배상 소송을 당할 위험이 있고, 본인도 징계받을 수 있기에 할 수 없다는 의사였다. 그 말을 듣고 나는 불같이 화를 냈다.

당신들 실수로 한 남성이 수십 년간 일궈온 일터가 문을 닫게 생겼습니다. 수십 명의 직원들은 물론, 가족들이 당장 길거리로 나앉게 생겼는데 어떻게 당신들 안위만 걱정합니까? 저는 이 문제가 해결되지 않는 한 자리에서 절대로 일어나지 않겠습니다.

부서 책임자까지 나와 서류를 작성해줄 수 없다며 주장했지만 나는 무조건 서류를 받아 가겠다고 선언했다. 타협하지 않겠다는 태도로 버티고 서 있자 마침내 서류를 작성해 건네줬다. 이 서류 덕분에 리스 회사를 설득하는 일은 쉽게 풀렸다. 덕분에 A의 아버지는 기계도 설치하고 공장도 정상적으로 운영할 수 있었다. 눈물을 흘리며 고마워했다. 이때의 사건은 평생 나 자신의 성공만을 위해 살아왔던 내게 다른 사람을 돕는 기쁨과 보람을 느끼게 한 최고의 순간이었다.

2010년, 이제 방랑을 끝마치고 새롭게 일어서겠다고 다짐했다. A와 그의 아버지를 떠올리며, 내가 가진 사업과 마케팅 경험을 살려 곤경에 빠진 청년·중소 사업가를 도와주는 일을 해보기로 결심한 것이다. 그들이 어려운 상황을 벗어나고 성공하는 데 조금이나마 도움이 되고자 '천사 프로젝트'를 시작했다. 처음 1~2년 정도 다른 이를 돕다 보면 내 할 일이 끝나리라 생각했다. 그러나 소문을 듣고 찾아오는 어려운 사업가들이 줄을 이었고, 나 또한 그들을 돕는 일에서 즐거움을 느끼고 있어 어느새 예상보다 훌쩍 지나 5년이나 됐다. 그 가운데 나 역시 도전하고 싶은 영역이 생겼다.

'천사 프로젝트'를 진행하며 수백 명의 사업가를 만났는데, 대다수는 사업이 어려워질 대로 어려워져 코너 끝에 몰려 있었다. '물에 빠진 사람 지푸라기라도 잡는다'는 심정으로 나를 찾아온 것이다. 그들이 벼랑 끝에 몰린 이유는 실로 다양했다. 사업가로서 준비가 부족한 상태에서 시작한 탓도 있었고, 부족한 자금으로 운영 자체가 힘들었거나, 사업 경험이 부족해 심각한 경영난을 겪기도 했다.

현실적으로 그들이 어려운 환경에서 벗어나려면 최소 2가지 필요 조건이 충족돼야 했다. 첫 번째는 자금 지원이고, 두 번째는 실패 분석을 통해 변화하는 일이었다. 나는 그들에게 두 번째 필요 조건을 충족시켜주기 위해 지원했다. 당신이 왜 어려워졌고, 앞으로 변화했을 때 어떤 결과를 얻을 수 있을지 깨닫게 해줬다. 지금 하고 있는 사업이 망하더라도 다시 시작할 수 있는 용기와 자신감을 가질 수 있게 해주기 위함이었다. 경영이나 마케팅 아이디어를 함께 의논하고 실행하며 작지만 확실한 성공 경험을 쌓아가도록 도왔다.

문제 원인을 안다고 하더라도 그 문제를 해결하기 위해 실제로 변화하는 것은 매우 힘든 일이다. 누구나 그렇듯 지금까지 살아오면서 갖춰진 습관과 사고방식, 행동 패턴은 쉽사리 바꾸기 어렵기 때문이다. 죽을 만큼 힘든 일을 겪었을 때나 커다란 충격을 받았을 때나 가능한 일이다. 그런 측면에서 보면 사업에 실패해본 사람, 한마디로 '망해본 사람들'이야말로 자신의 실책을 제대로 깨닫기만 한다면 변화할 가능성이 높다는 이야기다. 먼저 고통스러운 과정을 겪어왔던 사람으로서 그들이 좌절하지 않고 계속 도전하기를 바라는 마음으로 함께하고자 했다.

## 진심을 담으면 답이 보인다

815프로젝트를 진행하면서 생긴 빚은 약 6억 원 정도였다. 〈815 머니톡〉을 운영할 때는 인건비를 아끼면서 빚을 갚아나갔다. 수면 시간 4시간을 빼고는 직접 영상 편집을 하는 등 온종일 일만 했다.

그렇게 3년 만에 모든 빚을 갚았다. 발등에 떨어진 급한 불을 끄고 나니 가족이라 말할 수 있는 우리 구독자들이 처한 현실이 보이기 시작했다. 돈을 버는 사람보다 잃는 사람이 훨씬 많았던 것이다. 돈을 불리기 위해서, 결혼을 하기 위해, 집을 사기 위해, 노후 준비를 위해 등 더 나은 미래를 꿈꾸며 시작한 주식 투자인데, 오히려 불행해진 개인 투자자들을 보며 안타까운 마음이 절로 들었다.

왜 돈을 잃는 것일까? 어떻게 돈을 벌게 할 수 있을까? 주식 투자로 돈을 버는 사람과 아닌 사람의 차이는 무엇일까?

나는 개인 투자자의 심리와 행동 패턴을 철저히 이해해보기로 마음먹었다. 첫 번째로 한 일은 〈815머니톡〉에 출연한 전문가들이 소개한 종목들 가운데 하락한 종목들, 갑작스러운 악재로 손실이 커져 구독자들이 힘들다고 토로하는 종목들을 나도 사봤다. 돈을 잃는 95퍼센트 개인 투자자들의 심리와 잃는 이유에 대해 정확히 파악하고자였다. 즉, 어떻게 하면 이들이 돈을 벌 수 있는 실용적인 도움을 줄 수 있을지 해답을 찾기 위해 이러한 투자를 과감히 실행한 것이다. 그것도 소액이 아니었다. 내가 가진 모든 현금 자산을 동원했다. 주변 지인들은 잃을 것이 뻔한데 바보같이 왜 큰돈을 투자하느냐며 극구 말렸다. 내 생각은 달랐다. 나부터 절박해야 그 마음

결국 해내는 사람의 6가지 원칙

을 절절히 느낄 수 있을 것이라 생각했다.

구독자들과 어깨를 나란히 하는 투자를 하면서 나 역시 적게는 마이너스 20퍼센트, 크게는 마이너스 50퍼센트 이상의 손실을 경험했다. 물론 객관적 기준으로 우량주들이었기에 시간이 지나면서 원금을 회복하거나 그 이상의 수익을 벌기도 했지만, 손실이 커지는 순간에는 '여기서 더 손실 나면 어쩌지', '내가 산 그 가격이 영영 돌아오지 않으면 어떡하지' 등 불안감에 떨기도 했다. 구독자, 즉 개인 투자자들의 마음을 온전히 이해해볼 수 있었던 경험이었다.

두 번째로 한 일은 주식 투자를 정말 잘한다고 소문난 전문가 3명에게 각각 1억 원을 주고 마음껏 운용해보라고 맡겨본 것이다. 손실이 난다고 해도 아무 책임을 묻지 않을 것이며, 수익이 난다면 수익금의 30퍼센트를 나눠주기로 약속했다. 이들이 사는 종목들과 투자법을 관찰하며 개인 투자자들과의 차이를 알아보고자 했다. 이렇듯 직접 몸으로 부딪쳐가며 주식 투자로 돈을 벌 확률을 높이는 방법을 찾아다녔다. 지금도 고민하며 답을 찾는 중이다.

남을 도와주고 싶다는 이타심에서 시작한 일이지만, 당장에는 금적적인 이익보다 손실이 더 큰 것은 사실이다. 이 부분을 계속 간과하기는 어려울 것이다. 하지만 이 과정에서 누군가를 돕고자 하는 진심이 비칠 것이라고, 더 나아가 〈815머니톡〉에 대한 신뢰가 높아질 것이라 생각한다. 궁극적으로는 나를 또 다른 성장의 기회로 안내해줄 것이라고도 믿는다.

지난 경험들을 통해 하나의 진리를 깨달았다. 무슨 일이든 간에 내가 진심으로 고객의 이익을 위해 시간과 노력을 기울였을 때 그 결과는 결코 나를 배신하지 않는다는 것이다. 작은 이득을 취하기 위해서 상대를 이용하려는 풍조가 만연한 각박한 세상에 이런 우직 함으로 정성을 다하는 사람이나 기업을 만난다면 누구든 오랫동안 함께하고 싶다는 마음을 갖게 되지 않을까. 누군가는 세상 물정 모르는 어리석은 생각이라고 치부할지 모르겠다. 그럼에도 불구하고 나는 나만의 성공 기준으로 타인을 돕는 데서 오는 행복과 만족감을 만끽하며 살아가고자 한다.

# "잠시 쉬어가는 것도
전략이다"

### 임수열 815커뮤니케이션 대표

책의 전반에 걸쳐 버티는 힘과 끈기를 강조했다. 그런데 '생즉사 사즉생生卽死 死卽生'의 정신으로 끝까지 버티는 것만이 정답이라는 의미는 절대로 아니다.

성공은 끝까지 달리는 사람들이 얻게 되는 과실이지만, 무조건 끝까지 쉬지 않고 달려야 한다는 말은 아니다. 전속력으로 달려갈 수도, 때로는 걷거나 쉬면서 가도 목표 지점에 얼마든지 도달할 수 있다. 이 길이 아니라고 생각하면 잠시 멈추고 주위를 돌아봐도 괜찮다. 다시 달릴 수 있는 기운을 얻기 위해 잠깐 쉬는 것도 훌륭한 방법이다.

· · ·

　외국 벤처기업들의 특징은 계획대로 진행되지 않으면 과감히 사업을 접는다는 것이다. 투자받은 자금이 남았더라도 사업을 접고 투자금을 반환하는 문화가 자리 잡혀 있다. 사업이 단박에 성공하는 경우도 드물다. 미국의 성공한 사업가들은 평균 2.3회의 사업 경험이 있다고 한다. 2번의 실패를 겪고 세 번째에 성공하는 것이 평균이라는 말이다.

　하지만 우리는 어떤가? 투자금은 물론이고 대출금까지 모조리 소진한 다음에야 포기하는 사람이 태반이다. 끝까지 간 다음에야 비로소 멈추는 것이다. 심지어 스스로 내려놓는 것이 아니라 내려놓기를 강요당하는 경우가 많다. 상황이 이러면 아무리 긍정적인 사람이라도 다시 일어서기가 어렵다. 또한 암만 좋은 아이템이어도 타이밍이 너무 이르거나 늦어서 실패하기도 하는데, 상황이 여의찮다면 거기서 멈추는 것이 현명하다. 쉽게 포기하라는 뜻이 아니다. '다음에 찾아올 더 좋은 기회를 기약하며 잠시 쉬었다 가도 괜찮다'는 말이다.

　사업 방향이 틀렸다거나 타이밍이 잘못됐다는 느낌은 사실 스스로가 제일 잘 안다. 그때가 되면 도저히 앞이 보이지 않는 상황이라는 것을 직감적으로 느끼게 된다. 그럼에도 불구하고 멈추지 못하는 것은 아마도 여러 이유가 있을 테지만 그런 것은 별거 아니다. 예를 들어 다른 사람에게 미안하다는 이유로, 또는 직원들을 책임져야 한다는 이유로 풀리지도 않는 일을 계속 끌고 나가는 것은 되레 더 큰 피해를 안겨주는 행위일 수 있다. 무엇보다 지금껏 쏟아온 노력이 아까워서 버티겠다는 마인드는 매우 미련하다. 고집부려서 버텨봤자 손실만 더 키울 뿐이다. 주식 투자를 할 때 손절매를 잘하라는 것도 이와 같은 맥락이다. 오류를 과감하게 인정하고 2라운드를 준비하는 것이 훨씬 지혜롭다.

. . .

실패를 가장 많이 하는 곳은 어딜까? 내가 아는 한 '연구소'일 테다. 그렇지만 연구원들에게 실패는 단순히 '실험의 한 부분'에 불과할 것이다. 실패를 거듭하며 성공의 가능성을 끌어올리는 것은 그들에게 당연한 일이기 때문이다. 우리 모두 그런 자세를 배울 필요가 있다.

목표가 있다면 실패란 없다. 다시 도전하면 된다. 이전의 실패들은 성공을 향한 리허설이며, 이를 통해 점점 완벽해지고 강해지며 전력을 보강해나가야 한다. 바꿔 말하자면, 사업을 하다가 잠시 접는 일 역시 수련의 한 부분이며, 성공을 위한 과정일 뿐이라고 여겨

결국 해내는 사람의 6가지 원칙

야 하는 것이다.

　힘들 때는 과감히 넘어져보자. 다만 피해는 최대한 줄여보자. 그래야 크게 다치지 않고 곧장 일어설 수 있으니 말이다. 심판이 열을 세기 전까지 우리는 절대로 패배하지 않는다. 당신이 가는 길이 맞는지 아닌지 불안하다면, 자신감을 잃어 방향성을 잃었다면, 승산이 없다는 확신이 들었다면 포기하라. 본전을 되찾겠다는 생각마저 버려라. 물에 빠져서 허둥대고 있다면 부디 버티지 말고 헤엄쳐서 빠져나갈 방법을 궁리하라. 유연한 사고와 쉽게 좌절하지 않는 긍정적인 마음, 마지막에는 반드시 웃겠다는 각오만이 당신을 성공의 길로 이끌 것이다.

815머니톡 임수열 대표의 성공 원칙 6가지

# 결국 해내는 사람의 6가지 원칙

THE SIX THINGS

**1판 1쇄 인쇄** 2023년 9월 25일
**1판 1쇄 발행** 2023년 10월 11일

**지은이** 임수열
**펴낸이** 김선우

**책임편집** 진다영 | **디자인** 김미정
**본부장** 최고은 | **편집팀** 김동준
**광고 홍보** 이현진 이희재 임예성
**제작** 올인피엔비

**펴낸곳** 헤리티지북스
**출판등록** 2022년 9월 15일 제2022-000244호
**주소** 서울시 마포구 양화로 78-22 3층
**이메일** heritagebooks.rights@gmail.com